20 23

VOLUME CINCO

PAULO FURTADO DE OLIVEIRA FILHO
COORDENADOR

LEI DE RECUPERAÇÃO E FALÊNCIA

PONTOS RELEVANTES E CONTROVERSOS DA REFORMA PELA LEI 14.112/20

AUTORES

ANA BEATRIZ MARTUCCI NOGUEIRA MORONI
ARTHUR CASSEMIRO MOURA DE ALMEIDA
DANIELLA PIHA
ELIAS MUBARAK JUNIOR
GUSTAVO LACERDA FRANCO
MARCELO BAGGIO
RICARDO DE MORAES CABEZÓN
SHEILA C. NEDER CEREZETTI
TALITA MUSEMBANI
THIAGO DIAS COSTA

2023 © Editora Foco

Coordenador: Paulo Furtado de Oliveira Filho
Autores: Ana Beatriz Martucci Nogueira Moroni, Arthur Cassemiro Moura de Almeida, Daniella Piha, Elias Mubarak Junior, Gustavo Lacerda Franco, Marcelo Baggio, Ricardo de Moraes Cabezón, Sheila C. Neder Cerezetti, Talita Musembani e Thiago Dias Costa
Diretor Acadêmico: Leonardo Pereira
Editor: Roberta Densa
Assistente Editorial: Paula Morishita
Revisora Sênior: Georgia Renata Dias
Capa Criação: Leonardo Hermano
Diagramação: Ladislau Lima e Aparecida Lima
Impressão miolo e capa: DOCUPRINT

Dados Internacionais de Catalogação na Publicação (CIP) de acordo com ISBD

L525   Lei de recuperação e falência: pontos relevantes e controversos da reforma pela Lei 14.112/2020 – volume 05 / Ana Beatriz Martucci Nogueira Moroni ... [et al.] ; coordenado por Paulo Furtado de Oliveira Filho. - Indaiatuba, SP : Editora Foco, 2023.
    132 p. ; 17cm x 24cm.

    Inclui bibliografia e índice.
    ISBN: 978-65-5515-751-2

    1. Direito. 2. Direito empresarial. 3. Lei de recuperação e falência. I. Moroni, Ana Beatriz Martucci Nogueira. II. Almeida, Arthur Cassemiro Moura de. III. Piha, Daniella. IV. Junior, Elias Mubarak. V. Franco, Gustavo Lacerda. VI. Baggio, Marcelo. VII. Cabezón, Ricardo de Moraes. VIII. Cerezetti, Sheila C. Neder. IX. Musembani, Talita. X. Costa, Thiago Dias. XI. Oliveira Filho, Paulo Furtado de. XII. Título.

2023-592   CDD 346.07   CDU 347.7

Elaborado por Vagner Rodolfo da Silva - CRB-8/9410
Índices para Catálogo Sistemático:
1. Direito empresarial 346.07
2. Direito empresarial 347.7

DIREITOS AUTORAIS: É proibida a reprodução parcial ou total desta publicação, por qualquer forma ou meio, sem a prévia autorização da Editora FOCO, com exceção do teor das questões de concursos públicos que, por serem atos oficiais, não são protegidas como Direitos Autorais, na forma do Artigo 8º, IV, da Lei 9.610/1998. Referida vedação se estende às características gráficas da obra e sua editoração. A punição para a violação dos Direitos Autorais é crime previsto no Artigo 184 do Código Penal e as sanções civis às violações dos Direitos Autorais estão previstas nos Artigos 101 a 110 da Lei 9.610/1998. Os comentários das questões são de responsabilidade dos autores.

NOTAS DA EDITORA:
Atualizações e erratas: A presente obra é vendida como está, atualizada até a data do seu fechamento, informação que consta na página II do livro. Havendo a publicação de legislação de suma relevância, a editora, de forma discricionária, se empenhará em disponibilizar atualização futura.
Erratas: A Editora se compromete a disponibilizar no site www.editorafoco.com.br, na seção Atualizações, eventuais erratas por razões de erros técnicos ou de conteúdo. Solicitamos, outrossim, que o leitor faça a gentileza de colaborar com a perfeição da obra, comunicando eventual erro encontrado por meio de mensagem para contato@editorafoco.com.br. O acesso será disponibilizado durante a vigência da edição da obra.

Impresso no Brasil (03.2023) – Data de Fechamento (03.2023)

2023
Todos os direitos reservados à
Editora Foco Jurídico Ltda.
Avenida Itororó, 348 – Sala 05 – Cidade Nova
CEP 13334-050 – Indaiatuba – SP
E-mail: contato@editorafoco.com.br
www.editorafoco.com.br

APRESENTAÇÃO

Neste quinto livro, novo temas objeto da reforma empreendida pela Lei 14.112/2020 são analisados por professores, advogados e administradores judiciais.

Ana Beatriz Martucci Nogueira Moroni e Daniella Piha tratam da controvérsia a respeito da norma que limita a 90 dias o prazo de conclusão de AGC suspensa.

Arthur Cassemiro Moura de Almeida analisa os primeiros casos de insolvência transnacional que demandaram atuação do Poder Judiciário.

Elias Mubarak Júnior e Talita Musembani relatam casos relevantes de aplicação da mediação, por câmara especializada, na solução da crise empresarial.

Marcelo Baggio trata da aplicação dos negócios jurídicos processuais nas recuperações judiciais, que são processos coletivos, multipolares, complexos e que envolvem problemas estruturais.

Ricardo de Moraes Cabezón apresenta as nuances dos processos de recuperação em que a administração foi alvo de fiscalização, com aplicação mitigada da medida prevista no art. 64 da Lei 11.101/2005.

Sheila C. Neder Cerezetti e Gustavo Franco Lacerda analisam os instrumentos preventivos de insolvência, os quais têm se difundido no plano internacional e sido alvo de inadequadas tentativas de transplante para a realidade concursal brasileira.

Thiago Dias Costa analisa a nova disciplina do financiamento "DIP", apontando os incentivos à utilização deste instrumento para empresas em recuperação e identificando as controvérsias que certamente serão solucionadas pelos Tribunais.

Boa leitura!

Paulo Furtado de Oliveira Filho

SUMÁRIO

APRESENTAÇÃO
    Paulo Furtado de Oliveira Filho III

O PRAZO LIMITE PARA ENCERRAMENTO DA ASSEMBLEIA GERAL DE CREDORES E SEUS POSSÍVEIS DESDOBRAMENTOS
    Ana Beatriz Martucci Nogueira Moroni e Daniella Piha 1

REFORMA DA LEI 11.101/2005 – ANÁLISE DOS PRIMEIROS CASOS DE INSOLVÊNCIA TRANSNACIONAL
    Arthur Cassemiro Moura de Almeida 13

CONCILIAÇÕES E MEDIAÇÕES NOS PROCESSOS DE RECUPERAÇÃO JUDICIAL E A UTILIZAÇÃO DE CÂMARAS ESPECIALIZADAS NA INSOLVÊNCIA EMPRESARIAL
    Elias Mubarak Junior e Talita Musembani.. 31

LIMITES DOS NEGÓCIOS JURÍDICOS PROCESSUAIS EM RECUPERAÇÃO JUDICIAL
    Marcelo Baggio 51

A INTERFERÊNCIA NA GESTÃO DA EMPRESA EM CRISE NO PROCEDIMENTO RECUPERACIONAL
    Ricardo de Moraes Cabezón 73

RECUPERAÇÃO JUDICIAL, CRISE, INSOLVÊNCIA E PRÉ-INSOLVÊNCIA: NECESSÁRIA REVISÃO CONCEITUAL
    Sheila C. Neder Cerezetti e Gustavo Lacerda Franco 85

CONTROVÉRSIAS (E SOLUÇÕES) DO FINANCIAMENTO "DIP" NA LEI 14.112/2020
    Thiago Dias Costa 103

O PRAZO LIMITE PARA ENCERRAMENTO DA ASSEMBLEIA GERAL DE CREDORES E SEUS POSSÍVEIS DESDOBRAMENTOS

Ana Beatriz Martucci Nogueira Moroni

Sócia e líder de Turnaround & Restructuring da Deloitte. E-mail: annogueira@deloitte.com.

Daniella Piha

Sócia de Turnaround & Restructuring da Deloitte. E-mail dpiha@deloitte.com.

Sumário: 1. A Recuperação Judicial na Lei 11.101/2005 alterada pela Lei 14.112/2021 – 2. O plano de Recuperação Judicial – 2.1 Plano alternativo – 3. Assembleia geral de credores – procedimento; 3.1 Art. 56, § 9º – Limitação do prazo de 90 dias para conclusão de AGC instalada na hipótese de suspensão; 3.1.1 Aplicação prática – 4. Referências.

1. A RECUPERAÇÃO JUDICIAL NA LEI 11.101/2005 ALTERADA PELA LEI 14.112/2021

A Lei relativa à recuperação judicial e falência foi submetida a uma reforma substancial. Em janeiro de 2021, entrou em vigor a Lei 14.112 de dezembro de 2020, com diversas alterações relevantes, fruto de debates havidos entre os principais operadores do direito envolvidos com a matéria, que observaram as necessidades de mudança de alguns pontos relevantes da Lei 11.101/2005.

As alterações entraram em vigor em momento concomitante à pandemia do Covid-19. As medidas recomendadas de isolamento e distanciamento social afetaram a sociedade de diversas maneiras, de modo que as mudanças implementadas à Lei 11.101/2005 entraram em vigor em um período de dificuldades e incertezas, especialmente no âmbito da economia.

A nova redação trazida pela Lei 14.112/2020 buscou conferir aos entes envolvidos novas possibilidades para, além de garantir maior celeridade aos procedimentos, imprimir maior segurança jurídica e transparência, sempre em busca do fomento da atividade empresarial e econômica, ainda amparada pelo seu artigo 47 que dispõe: "tem por objetivo viabilizar a superação da situação de crise econômico-financeira do devedor, a fim de permitir a manutenção da fonte produtora, do emprego dos trabalhadores e dos interesses dos credores, promovendo, assim, a preservação da empresa, sua função social e o estímulo à atividade econômica".

O presente artigo tem como objetivo trazer uma análise sobre as alterações relacionadas à Assembleia Geral de Credores ("AGC"), especialmente no que diz respeito ao art. 56, § 9º que institui prazo de 90 dias para sua conclusão.

Para tanto, com a finalidade de contextualizar a AGC no âmbito de um processo recuperacional, será feita uma breve explanação sobre o Plano de Recuperação Judicial (PRJ), uma vez que eventual objeção por qualquer um dos credores ensejará necessariamente na convocação da Assembleia, e, na sequência, será analisado o procedimento definido para a realização da AGC e as principais alterações trazidas Lei 14.112/2020.

2. O PLANO DE RECUPERAÇÃO JUDICIAL

O Plano de Recuperação Judicial – PRJ é uma proposta apresentada pela empresa em crise à coletividade de credores, visando o adimplemento de seus débitos e recuperação de suas atividades.

Nas palavras de Fabio Ulhoa Coelho:

> A mais importante peça do processo de recuperação judicial é, sem sombra de dúvidas, o plano de recuperação judicial (ou de "reorganização de empresa"). Depende exclusivamente dele a realização ou não dos objetivos associados ao instituto, quais sejam, a preservação ou não da atividade econômica e cumprimento da sua função social. Se o plano de recuperação é consistente, há chances de a empresa se reestruturar e superar a crise em que mergulha. Terá, nesse caso, valido a pena o sacrifício imposto diretamente aos credores e, indiretamente a toda a sociedade brasileira. Mas se o plano for inconsistente, limitar-se-á a um papelório destinado a cumprir mera formalidade processual, então o futuro do instituto é a completa desmoralização.[1]

De fato, a apresentação de um PRJ viável pela empresa devedora é ponto crucial para o sucesso de sua recuperação judicial.

Por se tratar de matéria complexa, passível das mais diversas saídas, a fim de evitar comportamentos aventurosos, desprovidos de fundamento e seriedade, o legislador determinou, no art. 53, alguns pontos que devem ser observados em todos os PRJ's apresentados.

> Art. 53. O plano de recuperação será apresentado pelo devedor em juízo no prazo improrrogável de 60 (sessenta) dias da publicação da decisão que deferir o processamento da recuperação judicial, sob pena de convolação em falência, e deverá conter:
>
> I – discriminação pormenorizada dos meios de recuperação a ser empregados, conforme o art. 50 desta Lei, e seu resumo;
>
> II – demonstração de sua viabilidade econômica; e
>
> III – laudo econômico-financeiro e de avaliação dos bens e ativos do devedor, subscrito por profissional legalmente habilitado ou empresa especializada.

No que diz respeito aos meios de recuperação indicados no inciso I do referido artigo, a Lei 11.101/2005 estabelece um rol exemplificativo de possibilidades em seu art. 50, sendo certo que houve uma grande evolução desde o estabelecimento dessa relação

---

1. COELHO, Fabio Ulhoa. *Comentários à lei de falências e recuperação de empresas*. 15. ed. São Paulo: Saraiva, 2021, p. 220.

de opções, há mais de 15 anos, de modo que as estratégias visando a recuperação das empresas devedoras estão cada vez mais inovadoras e sofisticadas.

Nesse ponto, o PRJ deve ser claro e indicar de forma expressa como será a forma de pagamento de todos os seus credores.

O PRJ deve vir acompanhado da demonstração da viabilidade econômica, tal como determinado pelo inciso II do art. 53, bem como do laudo econômico-financeiro que esteja em linha com as informações apresentadas anteriormente no processo e que, principalmente, sustente as premissas de recuperação sugeridas, na forma do inciso III do mesmo artigo.

Trata-se de documentos absolutamente relevantes, os quais requerem a devida atenção por parte dos interessados, uma vez que versam sobre projeções que refletem os meios de recuperação das atividades empresariais e a consequente capacidade de geração de caixa para satisfação de toda a comunidade de credores, conforme as condições propostas no PRJ.

Projeções irreais, baseadas em premissas de crescimento de negócio equivocadas e não embasadas em estudos de mercado de credibilidade e dados macroeconômicos factíveis, bem como a desconsideração da necessidade de capital de giro e a não inclusão da totalidade do passivo da empresa devedora no fluxo de pagamentos, considerando créditos fiscais e demais créditos não sujeitos à recuperação judicial, usualmente implicam em futuro descumprimento do PRJ, uma vez que as projeções não vão se concretizar.

Neste cenário, ressalta-se a importância da análise da razoabilidade das premissas adotadas, observando-se, a título de exemplificação, se o plano de negócio está em linha com os resultados já alcançados historicamente pelos devedores e suportado por sua capacidade produtiva ou, caso contrário, se foram considerados investimentos que embasam um potencial crescimento.

Planos de negócios mais estruturados, contendo premissas factíveis e condizentes com a realidade das recuperandas, assim como a compreensão e a análise de seu conteúdo por parte dos credores, podem resultar em negociações mais justas e eficazes entre as partes envolvidas, facilitando a busca pela melhor solução e trazendo mais celeridade ao processo.

Uma análise atenta do laudo econômico-financeiro para atestar a aplicabilidade do PRJ pode trazer, portanto, maior qualidade ao seu processo de formatação e negociação, implicando diretamente no sucesso ou não da recuperação judicial.

Ambos os documentos são requisitos formais obrigatórios que, caso não apresentados, implicam na rejeição do PRJ e, por conseguinte, convolação da recuperação judicial em falência.

Conforme determinado pelo mencionado art. 53 da Lei 11.101/2005, o PRJ deve ser apresentado pela empresa devedora em 60 (sessenta) dias contados da publicação da decisão de deferimento do processo de recuperação judicial.

Trata-se de prazo improrrogável que, se não cumprido, pode ensejar na convolação da recuperação judicial em falência.

O que se verifica na prática é que, em muitos casos, nesse estágio do processo as empresas em recuperação acabam por apresentar uma minuta de PRJ bastante crua que, na maioria dos casos, é bem diversa da que será levada à votação, justamente para garantir o cumprimento do prazo supramencionado.

Pois bem, apresentado o PRJ, é determinada a publicação de edital dando notícia aos credores de sua apresentação para que, no prazo de 30 (trinta) dias, apresentem eventuais objeções.[2]

Em caso de não haver objeções, o PRJ deverá ser homologado, sendo a recuperação judicial concedida nos termos do art. 58, da Lei 11.101/2005.

Na hipótese de haver objeções, na forma do art. 56, da Lei 11.101/2005 será convocada AGC para que todos os pontos pertinentes sejam discutidos entre os credores e a empresa devedora. A ideia é que se chegue a um consenso e que o PRJ colocado em votação seja ajustado no sentido de acomodar o interesse de todos.

2.1 Plano alternativo

Com o advento das mudanças introduzidas pela Lei 14.112/2021, o Legislador trouxe a possibilidade de os credores apresentarem um plano de recuperação alternativo, sem necessidade de concordância da empresa em recuperação e sem vinculação ao PRJ originariamente proposto.

A prerrogativa de apresentar o plano de recuperação continua a ser da empresa em recuperação judicial, mas não exclusiva, como antes da reforma.

A apresentação do plano alternativo pelos credores pode ocorrer em duas hipóteses, tal como dispõem os §§ 4º a 8º do art. 56 da Lei 11.101/2005, caso o PRJ da empresa seja rejeitado na AGC sem possibilidade de *cramdown* ou caso transcorra o *stay period*.

Trata-se de possibilidade inspirada no direito norte-americano, ainda pouquíssimo explorada no Brasil. Acredita-se que o objetivo do legislador tenha sido trazer aos credores uma alternativa de prosseguimento caso o PRJ apresentado pelo devedor não seja satisfatório.

Ainda não se sabe como essa novidade operar-se-á na prática, haja vista que para a elaboração de um PRJ alternativo os credores devem assumir todo o ônus de sua elaboração, bem como encontrar uma maneira de (i) conciliar os interesses de todas as classes de credores, de modo a obter o quórum necessário à sua aprovação e (ii) ter acesso às informações financeiras, contábeis e operacionais do negócio do devedor acuradas e atualizadas para que o plano seja de fato passível de execução pela devedora, sem expô-la a um risco de inadimplemento e consequente quebra.

---

2. Art. 55. Qualquer credor poderá manifestar ao juiz sua objeção ao plano de recuperação judicial no prazo de 30 (trinta) dias contado da publicação da relação de credores de que trata o § 2º do art. 7º desta Lei.
Parágrafo único. Caso, na data da publicação da relação de que trata o caput deste artigo, não tenha sido publicado o aviso previsto no art. 53, parágrafo único, desta Lei, contar-se-á da publicação deste o prazo para as objeções.

3. ASSEMBLEIA GERAL DE CREDORES – PROCEDIMENTO

A Assembleia Geral de Credores – AGC é um órgão deliberativo que permite a reunião de credores concursais da recuperanda, com o objetivo de discutirem e deliberarem, por meio de voto, sobre assuntos relevantes aos envolvidos no processo, bem como sobre os meios de soerguimento da empresa em crise. Reunidos em conclave, os credores debaterão com os representantes da recuperanda e seus votos serão computados para que se possa aferir o interesse da maioria com o intuito de se obter um processo de recuperação judicial e de falência mais eficiente.

Nas palavras de Marcelo Barbosa Sacramone:

> Como agentes econômicos, pressupôs Lei que os credores maximizariam sua utilidade pessoal e, a partir da maioria, não apenas permitiu como estabeleceu como pressuposto que cada qual buscaria, conforme a sua própria racionalidade, tutelar seu melhor interesse pessoal enquanto credor. É a partir dessa noção de que, ao pretender proteger os interesses pessoais e procurar a maior satisfação dos respectivos créditos, os credores gerarão um procedimento de recuperação judicial e de falência mais eficiente, em benefício indireto de toda a coletividade.[3]

A Lei 11.101/05, alterada pela Lei 14.112/20 disciplina, nos arts. 35 a 46, o procedimento da AGC.

Presidida pelo Administrador Judicial, a AGC, conforme previsto no art. 36 da Lei,[4] será convocada pelo Juiz por meio da publicação de edital no diário oficial eletrônico, também disponibilizado no site eletrônico do Auxiliar da Justiça e conterá as informações e requisitos que deverão ser observados pelos credores para que possam participar do conclave.

Nos termos do art. 41 da Lei 11.101/05, alterada pela Lei 14.112/20, a AGC será composta pelas seguintes classes de credores: (i) titulares de créditos derivados da legislação do trabalho ou decorrentes de acidentes de trabalho; (ii) titulares de créditos com garantia real; (iii) titulares de créditos quirografários, com privilégio especial, com privilégio geral ou subordinados e (iv) titulares de créditos enquadrados como microempresa ou empresa de pequeno porte.

---

3. SACRAMONE, Marcelo Barbosa. *Comentários à Lei de Recuperação de Empresas e Falência*. 2. ed. São Paulo: Saraiva, 2021, p. 196-197.
4. Art. 36. A assembleia geral de credores será convocada pelo juiz por meio de edital publicado no diário oficial eletrônico e disponibilizado no sítio eletrônico do administrador judicial, com antecedência mínima de 15 (quinze) dias, o qual conterá: (Redação dada pela Lei 14.112, de 2020)
   I – local, data e hora da assembleia em 1ª (primeira) e em 2ª (segunda) convocação, não podendo esta ser realizada menos de 5 (cinco) dias depois da 1ª (primeira);
   II – a ordem do dia;
   III – local onde os credores poderão, se for o caso, obter cópia do plano de recuperação judicial a ser submetido à deliberação da assembleia.
   § 1º Cópia do aviso de convocação da assembleia deverá ser afixada de forma ostensiva na sede e filiais do devedor.
   § 2º Além dos casos expressamente previstos nesta Lei, credores que representem no mínimo 25% (vinte e cinco por cento) do valor total dos créditos de uma determinada classe poderão requerer ao juiz a convocação de assembleia geral.
   § 3º As despesas com a convocação e a realização da assembleia geral correm por conta do devedor ou da massa falida, salvo se convocada em virtude de requerimento do Comitê de Credores ou na hipótese do § 2º deste artigo.

Dentro das classes de credores, poderão exercer o direito a voto, nos termos do art. 39 do mesmo Diploma Legal, somente os credores arrolados no Quadro Geral de Credores ou, na sua falta, na relação de credores apresentada pelo Administrador Judicial, na forma do artigo 7º, § 2º da referida Lei ou, ainda, na falta desta, na relação apresentada pelo próprio devedor, além dos credores que estejam habilitados na data da realização da AGC ou que tenham seus créditos admitidos ou alterados por decisão judicial.

Nos termos do art. 37, § 2º da mencionada Lei, a AGC será instalada, em primeira convocação, com a presença de credores titulares de mais da metade dos créditos de cada classe, computados pelo valor e, em segunda convocação, com qualquer número.

Conforme previsto no art. 35 da Lei 11.101/05, reunidos na AGC, os credores poderão deliberar, na recuperação judicial, sobre: (i) aprovação, rejeição ou modificação do PRJ apresentado pelo devedor; (ii) a constituição do Comitê de Credores, a escolha de seus membros e sua substituição; (iii) o pedido de desistência do devedor, nos termos do artigo 52, § 4º, da referida Lei; (iv) o nome do gestor judicial, quando do afastamento do devedor; (v) qualquer outra matéria que possa afetar os interesses dos credores; e (vi) alienação de bens ou direitos do ativo não circulante do devedor, não prevista no PRJ.

Na falência, as deliberações possíveis são: (i) a constituição do Comitê de Credores, a escolha de seus membros e sua substituição; (ii) a adoção de outras modalidades de realização do ativo, na forma do artigo 145 da Lei; e (iii) qualquer outra matéria que possa afetar os interesses dos credores.

Disciplina o art. 42 da Lei 11.101/05,[5] que será considerada aprovada a proposta deliberada em AGC que obtiver votos favoráveis de credores que representem mais da metade do valor total dos créditos presentes, exceto nas deliberações sobre o PRJ, que deverão observar o previsto no artigo 35, *caput*, inciso I, alínea a, da referida Lei,[6] a composição do Comitê de Credores ou forma alternativa de realização do ativo, nos termos do art. 145 do mesmo Diploma Legal.

Especificamente quanto à aprovação do PRJ, o art. 45 da Lei[7] prevê que todas as classes de credores deverão aprovar a proposta apresentada pelo devedor.

---

5. Art. 42. Considerar-se-á aprovada a proposta que obtiver votos favoráveis de credores que representem mais da metade do valor total dos créditos presentes à assembleia geral, exceto nas deliberações sobre o plano de recuperação judicial nos termos da alínea a do inciso I do caput do art. 35 desta Lei, a composição do Comitê de Credores ou forma alternativa de realização do ativo nos termos do art. 145 desta Lei.
6. Art. 35. A assembleia geral de credores terá por atribuições deliberar sobre:
   I – na recuperação judicial:
   a) aprovação, rejeição ou modificação do plano de recuperação judicial apresentado pelo devedor;
7. Art. 45. Nas deliberações sobre o plano de recuperação judicial, todas as classes de credores referidas no art. 41 desta Lei deverão aprovar a proposta.
   § 1º Em cada uma das classes referidas nos incisos II e III do art. 41 desta Lei, a proposta deverá ser aprovada por credores que representem mais da metade do valor total dos créditos presentes à assembleia e, cumulativamente, pela maioria simples dos credores presentes.
   § 2º Nas classes previstas nos incisos I e IV do art. 41 desta Lei, a proposta deverá ser aprovada pela maioria simples dos credores presentes, independentemente do valor de seu crédito.
   § 3º O credor não terá direito a voto e não será considerado para fins de verificação de quórum de deliberação se o plano de recuperação judicial não alterar o valor ou as condições originais de pagamento de seu crédito.

A antiga redação do art. 35 e seguintes da Lei 11.101/2005, dispunha que a AGC era ato presencial realizado com a finalidade de viabilizar os debates entre as partes interessadas no processo de recuperação judicial. Esse encontro era a única forma existente para que as partes dirimissem suas questões e submetessem o PRJ à votação.

A reforma da Lei 11.101/2005 concedeu opções aos interessados ao prever a possibilidade de que as deliberações em AGC sejam substituídas por termos de adesão, na forma dos art. 39, § 4º, inciso I, desde que respeitado o quórum de aprovação específico previsto pelo art. 45-A.[8]

Na hipótese de ser necessária a realização da AGC, a reforma trouxe uma alteração relevante ao no art. 39, § 4º, inciso, II, a fim de garantir de forma expressa a possibilidade do ato ocorrer por meio eletrônico, muito em linha com o que se antecipou na prática devido à Pandemia da Covid-19 que, de modo a evitar o atraso injustificável dos feitos, acelerou a implementação de encontros virtuais, tudo em linha com a recomendação 63 do Conselho Nacional de Justiça (CNJ), publicada em 31 de março de 2020, cujo artigo 2º[9] confere a possibilidade de o juiz autorizar a realização da AGC no formato virtual.

Ao longo dos últimos dois anos diversas foram as AGC's realizadas em formato virtual por todo o Brasil. A medida se mostrou bastante efetiva, pois viabiliza a celeridade processual e implica na inegável redução de custos em favor da empresa em recuperação judicial, bem como pode ser considerada um incentivo à participação dos credores, que antes poderiam se encontrar impedidos de participar por motivos de custo de deslocamento, tempo, disponibilidade de agenda etc.

Acredita-se que seja um formato que deva prevalecer como a principal modalidade de AGC, sem prejuízo da avaliação caso a caso pelo Magistrado e interessados. A realização do conclave deve ocorrer em formato que viabilize a participação de todos os credores de forma isonômica, sendo certo que a realização de atos presenciais não está descartada em definitivo.

---

8. Art. 45-A. As deliberações da assembleia geral de credores previstas nesta Lei poderão ser substituídas pela comprovação da adesão de credores que representem mais da metade do valor dos créditos sujeitos à recuperação judicial, observadas as exceções previstas nesta Lei.
§ 1º Nos termos do art. 56-A desta Lei, as deliberações sobre o plano de recuperação judicial poderão ser substituídas por documento que comprove o cumprimento do disposto no art. 45 desta Lei.
§ 2º As deliberações sobre a constituição do Comitê de Credores poderão ser substituídas por documento que comprove a adesão da maioria dos créditos de cada conjunto de credores previsto no art. 26 desta Lei.
§ 3º As deliberações sobre forma alternativa de realização do ativo na falência, nos termos do art. 145 desta Lei, poderão ser substituídas por documento que comprove a adesão de credores que representem 2/3 (dois terços) dos créditos.
§ 4º As deliberações no formato previsto neste artigo serão fiscalizadas pelo administrador judicial, que emitirá parecer sobre sua regularidade, com oitiva do Ministério Público, previamente à sua homologação judicial, independentemente da concessão ou não da recuperação judicial
9. Art. 2º Recomendar a todos os Juízos com competência para o julgamento de ações de recuperação empresarial e falência que suspendam a realização de Assembleias Gerais de Credores presenciais, em cumprimento às determinações das autoridades sanitárias enquanto durar a situação de pandemia de Covid-19.
Parágrafo único. Verificada a urgência da realização da Assembleia Geral de Credores para a manutenção das atividades empresariais da devedora e para o início dos necessários pagamentos aos credores, recomenda-se aos Juízos que autorizem a realização de Assembleia Geral de Credores virtual, cabendo aos administradores judiciais providenciarem sua realização, se possível.

3.1 Art. 56, § 9º – Limitação do prazo de 90 dias para conclusão de AGC instalada na hipótese de suspensão

Uma alteração relevante implementada com a reforma no âmbito da AGC é o disposto no § 9º do art. 56, que determina que "na hipótese de suspensão da assembleia geral de credores convocada para fins de votação do PRJ, a assembleia deverá ser encerrada no prazo de até 90 (noventa) dias, contado da data de sua instalação."

A intenção do legislador em relação a esta inclusão foi a de imprimir agilidade aos procedimentos de Recuperação Judicial de modo a coibir sua procrastinação. Isto porque, o que se verificava na prática era, por vezes, a ocorrência de AGC's intermináveis, algumas com duração a período superior a um ano.

Esta prática ocorria porque, usualmente, negociações dos termos do PRJ acontecem entre a devedora e um número restrito de credores, geralmente detentores de parcela substancial do crédito concursal, suficiente para aprovar suspensões sem limites na forma do que dispões o art. 42 do mesmo diploma.[10]

Com isso, toda uma coletividade de credores ficava sujeita a suspensões por prazo indeterminado, até que as negociações fossem concluídas por esse grupo restrito. A demora na conclusão da AGC implica diretamente no atraso do desfecho da Recuperação Judicial e início do pagamento aos credores.

Em contrapartida, o que se observa na prática é que dificilmente é possível a discussão e submissão à votação de um PRJ no prazo legalmente estabelecido, especialmente nos casos mais complexos. A discussão tem girado em torno da hipótese, sem solução endereçada no texto legal, em que não for possível a conclusão das negociações e deliberações sobre o PRJ no prazo de 90 dias, haja vista que, por vezes, nas palavras de Erasmo Valladão Azevedo N. França e Marcelo Vieira Von Adamek, "o atraso para a conclusão das assembleias gerais residem nas dificuldades estruturais do próprio processo, a envolver milhares de credores e, portanto, um sem número de negociações individuais que, no entanto, precisam ser coletivamente coordenadas e aceitas".

Por esse motivo, entendem que como possível interpretação é a de que "(i) o prazo seria impróprio e, portanto, desprovido de sanção (ressalvada eventual responsabilização do administrador judicial pelo atraso que lhe seja imputável)".[11]

Juliana Bumachar e Thiago Carapetcov compartilham de entendimento similar:

> No plano teórico é absolutamente compreensível o raciocínio do legislador ao impor um prazo de suspensão na tentativa de não romper o limite temporal do *stay period* e de não termos suspensões exacerbadas. Porém, na prática negocial, ao revés, o prazo limite de 90 dias pode inviabilizar ou apressar

---

10. Art. 42. Considerar-se-á aprovada a proposta que obtiver votos favoráveis de credores que representem mais da metade do valor total dos créditos presentes à assembleia geral, exceto nas deliberações sobre o plano de recuperação judicial nos termos da alínea *a* do inciso I do *caput* do art. 35 desta Lei, a composição do Comitê de Credores ou forma alternativa de realização do ativo nos termos do art. 145 desta Lei.
11. FRANÇA, Erasmo Valladão Azevedo e Novaes e ADAMEK, Marcelo Vieira Von. *Assembleia geral de credores*. São Paulo: Quartier Latin, 2021. p 95-97.

acordos não maduros, romper vínculos prósperos e mesmo inviabilizar a recuperação da empresa em dificuldade momentânea.[12]

Esta é também a opinião de Felipe Lollato e Guilherme França, que acreditam que referido prazo de 90 dias deverá ser flexibilizado de forma substancial pela jurisprudência, tal como foi o prazo antigamente improrrogável de 180 dias referente ao *stay period*.[13]

Tendo em vista a alteração ser muito recente, ainda não há um entendimento uniforme sobre a matéria.

O professor Daniel Carnio Costa entende que o caminho seria facultar aos credores a possibilidade de apresentação de plano alternativo.

> entende-se que o magistrado pode determinar, quando ocorrer o exaurimento desse prazo, a deliberação a respeito do plano na próxima AGC, sob pena de não renovação do benefício do *stay period* em caso de resistência da devedora. Caso a resistência seja dos credores ao votarem por nova suspensão, aplica-se o disposto no art. 6º, § 4º-A, facultando aos credores a propositura do plano alternativo ou a convolação em falência.[14]

Nos termos do art. 45-A da Lei 11.101/2005, as deliberações dos credores no que diz respeito ao plano alternativo, poderão ocorrer por meio de termo de adesão, dispensando a AGC, sendo certo que, ainda conforme o entendimento de Daniel Carnio, eventual convolação da Recuperação Judicial em Falência só poderia ocorrer após eventual rejeição de plano proposto pelos credores, tudo na forma do art. 56, § 8º da Lei 11.101/2005.

Assim, apenas na eventualidade deste plano alternativo não ser aprovado a recuperação judicial seria convolada em falência.

O questionamento que paira em relação a esta tese é o de como endereçar o caso quando os credores não têm interesse em efetivamente se organizarem no sentido de dispender tempo e recursos para estruturar um plano alternativo ao apresentado pelo devedor, considerando todas as peculiaridades apontadas no item 2.1 acima, especialmente no que se refere às responsabilidades decorrentes de tal ato.

Há discussão se convolação da recuperação judicial em falência nesta hipótese seria a melhor alternativa, especialmente para empresas que possuem capacidade de recuperação, tão somente em razão da inobservância do prazo de 90 dias mencionado no art. 56 § 9º da Lei 11.101/2005. O debate gira em torno de se deve o formalismo da Lei ser privilegiado em detrimento do princípio da preservação da empresa previsto no mesmo diploma e da vontade da maioria dos credores na forma do art. 42.

Além disso, outro ponto que pode gerar discussão é que o art. 73 da Lei 11.101/2005, ao elencar as hipóteses de convolação da Recuperação Judicial em Falência, não inclui a situação de descumprimento do prazo em referência.

---

12. BUMACHAR, Juliana e CARAPETCOV, Thiago. *Assembleia geral de credores*: a prorrogabilidade do prazo de suspensão de 90 dias, RAASP 150/109-115.
13. LOLLATO, Felipe e FRANÇA, Guilherme. Assembleia geral de credores: novidades e pontos controvertidos. In: VASCONCELOS, Ronaldo et al (Coord.). *Reforma da Lei de Recuperação e Falência*. São Paulo. IASP, 2021 p. 481.
14. COSTA, Daniel Carnio, MELO, Alexandre Correa Nasser de. *Comentários à Lei de Recuperação de Empresas e Falência*: Lei 11.101/2005. 2 ed. Curitiba: Juruá, 2021. p 225.

Na opinião de Felipe Lollato e Guilherme França "essa interpretação é desproporcional, não se mostra adequada por falta de previsão legal e porque atenta ao princípio da preservação da empresa. Aliás, quisesse o legislador essa consequência, teria alterado o art. 73 da Lei 11.101/2005, que prevê as hipóteses taxativas de convolação da recuperação judicial em falência".[15]

Sobre este assunto Manoel Justino discorre que:

> O prazo fixado de 90 dias objetiva, como aliás se percebe do exame de grande parte da reforma, evitar a procrastinação da decisão assemblear, estabelecendo o prazo de 90 para encerramento da assembleia, em caso de suspensão.
>
> No entanto, a Lei não estabelece, de forma objetiva, qual o caminho a ser tomado caso o juiz venha a declarar "encerrada" a assembleia. O Inc. III do art. 73 apenas prevê o decreto da falência nos casos de não apresentação do plano pelo credor ou no caso de rejeição do plano. No entanto, não votar o plano em 90 dias, e por isso, "encerrar" a assembleia, não corresponde a rejeitar o PRJ.[16]

Há, por fim, o entendimento de que a questão se resolveria de forma simplista: transcorrido o prazo de 90 (noventa) dias, o ato assemblear seria encerrado de forma definitiva, devendo ser instalada nova AGC, com a publicação de novo edital e nova verificação de quórum, na forma dos arts. 36 *caput* e art. 37, § 2º, respectivamente.

Na opinião de Fabio Ulhoa Coelho:

> não se trata de mero formalismo estéril. Muito ao contrário. A primeira sessão de assembleia é um momento crucial para as negociações na recuperação judicial, Ele delimita o conjunto de credores com os quais o devedor precisará negociar. (...) Se o plano não é aprovado em 90 dias da primeira instalação, contudo, as novas reuniões terão natureza jurídica de nova assembleia, o que, pode ocasionar alteração, ampliação ou redução dos credores que votarão o plano de recuperação judicial.[17]

Também há discussão sobre o entendimento acima transcrito, pois se o objetivo do Legislador é o de imprimir agilidade ao procedimento e evitar a prorrogação dos debates por tempo indeterminado, questiona-se se esta é a melhor forma de interpretar a redação de referido artigo.

3.1.1 Aplicação prática

Conforme acima mencionado, na prática, não houve tempo hábil para que se formasse entendimento substancial sobre como proceder nestes casos.

Por meio de pesquisas realizadas em casos concretos, de conhecimento público, verificou-se a atual existência de três correntes:

Há casos em que os Magistrados entenderam pela flexibilização deste prazo em virtude da aprovação da sugestão de novo adiamento da AGC pela maioria dos credores, na forma do art. 42 da Lei 11.101/2005.

---

15. LOLLATO, Felipe e FRANÇA, Guilherme. Assembleia geral de credores: novidades e pontos controvertidos. In: VASCONCELOS, Ronaldo et al (Coord.). *Reforma da Lei de Recuperação e Falência*. São Paulo. IASP, 2021 p. 479-480.
16. BEZERRA FILHO, Manoel Justino. *Lei de recuperação de empresas e falência*: Lei 11.101/2005: comentado artigo por artigo. 15. ed. São Paulo: Thomson Reuters Brasil, 2021. p. 289.
17. COELHO, Fábio Ulhoa. *Comentários à Lei de Falências e de Recuperação de Empresas*. 14. ed. São Paulo: Thomson Reuters Brasil, 2021. p.233.

Nestes casos, o Administrador Judicial, na qualidade de presidente da AGC, acatou o pedido das devedoras e/ou credores presentes e permitiu a deliberação sobre suspensão da AGC por novo período. Em sendo aprovada a proposta, o fato foi comunicado ao Juízo Recuperacional quando da juntada da ata aos autos do processo, tendo os Magistrados acolhido, expressa ou tacitamente o pedido, podendo haver, ou não,[18] impugnação por parte dos interessados.

Como exemplo de caso em que houve impugnação, pode-se citar a recuperação judicial do grupo Renuka, processo 1099671-48.2015.8.26.0100, em trâmite perante a 1ª Vara de Falências e Recuperações Judiciais do Foro Central da Comarca da Capital do Estado de São Paulo, no qual um credor apresentou petição para requerer que o Juízo Recuperacional determinasse prazo final para votação do PRJ para próxima data agendada (20/10/2021), tendo em vista que a AGC foi instalada em 15/04/2021 e, portanto, desrespeitado o previsto no art. 56, § 9º, da LRF. Outro credor, por sua vez, requereu a convolação da Recuperação Judicial em Falência, sob o fundamento de ausência de demonstração da viabilidade econômica para soerguimento das empresas, bem como pelo descumprimento ao quanto previsto no referido artigo, tendo em vista as reiteradas suspensões da AGC.

O PRJ acabou por ser votado em 24/11/2021, antes da deliberação do Juízo sobre a matéria.

Houve casos em que o juiz, em exercício do controle de legalidade, determinou que a AGC fosse concluída dentro do prazo legal, não obstante deliberação em sentido contrário por parte dos credores. Um exemplo desta situação ocorreu nos autos da Recuperação Judicial da Heber Participações S/A processo 1080871-98.2017.8.26.0100 em trâmite perante a 1ª Vara de Falências e Recuperação Judicial do Estado de São Paulo. No caso em comento, o juiz reconheceu a impossibilidade de prorrogação indefinida da AGC e a necessidade de cumprimento do prazo legal de 90 dias para sua conclusão.

Outra possibilidade é a de o controle de legalidade ser exercido pelo próprio Administrador Judicial, ao não concordar que se coloque em votação um pedido de suspensão que ultrapasse o limite legal, mesmo que seja essa a vontade da devedora e dos credores presentes.

No caso da Recuperação Judicial do Grupo Foco Agronegócios (Foco Agronegócios Ltda.), processo 00023-65.2020.8.27.2721 em tramite perante a 1ª Vara Cível da Comarca de Guaraí/TO, após a rejeição do PRJ em AGC, a empresa devedora apresentou manifestação informando que o resultado negativo teria se dado em razão do encerramento precoce da AGC e ausência de tempo suficiente para negociação do PRJ com seus credores, porém acabou por requerer sua autofalência, antes mesmo da deliberação do Juízo sobre o assunto.

---

18. TJSP – Recuperação Judicial de Pérola Comércio e Serviços Eireli – Processo 1017859-08.2019.8.26.0564, 2ª Vara Cível da Comarca de São Bernardo do Campo.
TJSP – Recuperação Judicial de Rodovias Tietê – Processo 1005820-93.2019.8.26.0526, 1ª Vara da Comarca de Salto/SP.

Como se nota, trata-se de posicionamentos diversos cuja aplicação obviamente gerará resultados distintos. O que se espera é que, no futuro, na medida em que situações como esta forem surgindo no plano prático, seja possível que os debates evoluam e que a jurisprudência possa formar um entendimento ponderado sobre o assunto.

4. REFERÊNCIAS

BEZERRA FILHO, Manoel Justino. *Lei de recuperação de empresas e falência: Lei 11.101/2005: comentada artigo por artigo*. 15. ed. São Paulo: Thomson Reuters Brasil, 2021.

BUMACHAR, Juliana e CARAPETCOV, Thiago. *Assembleia geral de credores: a prorrogabilidade do prazo de suspensão de 90 dias*, RAASP 150/109-115.

COSTA, Daniel Carnio, MELO, Alexandre Correa Nasser de. *Comentários à lei de recuperação de empresas e falência: Lei 11.101/2005*. 2 ed. Curitiba: Juruá, 2021.

COELHO, Fábio Ulhoa. *Comentários à Lei de Falências e de Recuperação de Empresas*. 14. ed. São Paulo: Thomson Reuters Brasil, 2021.

FRANÇA, Erasmo Valladão Azevedo e Novaes e ADAMEK, Marcelo Vieira Von. *Assembleia Geral de Credores*. São Paulo: Quartier Latin, 2021.

LOLLATO, Felipe e FRANÇA, Guilherme. Assembleia geral de credores: novidades e pontos controvertidos. In: VASCONCELOS et al (Coord.). *Reforma da Lei de Recuperação e Falência*. São Paulo. IASP, 2021.

MEYKNECHT, Milena Grossi dos Santos, BARROS, Vitória Carvalho de. *A assembleia de credores e o limite legal de 90 dias para seu encerramento*. 2021. Disponível em: https://www.conjur.com.br/2021-out-18/opiniao-assembleia-credores-limite-encerramento. Acesso em: 18 mar. 2022.

NEGRÃO, Ricardo. *Falência e recuperação de empresa: aspectos objetivos da lei 11.101/2005*. 6 ed. São Paulo: Saraiva Educação, 2019.

Recomendação 63 do Conselho Nacional de Justiça (CNJ), publicada em 31 de março de 2020.

SACRAMONE, Marcelo Barbosa. *Comentários à Lei de recuperação de empresas e falência*. 2. ed. São Paulo: Saraiva Educação, 2021.

TJSP – Recuperação Judicial de Pérola Comércio e Serviços Eireli – Processo 1017859-08.2019.8.26.0564, 2ª Vara Cível da Comarca de São Bernardo do Campo. Disponível em: www.tjsp.jus.br. Acesso em: 18 mar. 2022.

TJSP – Recuperação Judicial de Rodovias Tietê – Processo 1005820-93.2019.8.26.0526, 1ª Vara da Comarca de Salto/SP. Disponível em: www.tjsp.jus.br. Acesso em: 20 mar. 2022.

TJSP – Recuperação Judicial do Grupo Renuka Vale do Ivaí – Processo 1099671-48.2015.8.26.0100, em trâmite perante a 1ª Vara de Falências e Recuperações Judiciais do Foro Central da Comarca da Capital/SP. Disponível em: www.tjsp.jus.br. Acesso em: 20 mar. 2022.

TJSP – Recuperação Judicial da Heber Participações S/A processo 1080871-98.2017.8.26.0100 em trâmite perante a 1ª Vara de Falências e Recuperação Judicial do Foro Central da Comarca da Capital/SP. Disponível em: www.tjsp.jus.br. Acesso em: 20/ mar. 2022.

TJTO – Recuperação Judicial Foco Agronegócios Ltda.), processo 00023-65.2020.8.27.2721 em trâmite perante a 1ª Vara Cível da Comarca de Guaraí/TO. Disponível em: www.tjto.jus.br. Acesso em: 21 mar. 2022.

REFORMA DA LEI 11.101/2005 – ANÁLISE DOS PRIMEIROS CASOS DE INSOLVÊNCIA TRANSNACIONAL

Arthur Cassemiro Moura de Almeida

Mestrando em Direito Comercial na Universidade de São Paulo (USP). LLM em Direito dos Mercados Financeiro e de Capitais pelo Instituto de Ensino e Pesquisa (INSPER). Membro associado da TMA Brasil e da INSOL. Advogado e *Senior Legal Analyst* na Debtwire.

Sumário: 1. Introdução – 2. Caso Latam Airlines – legitimidade para buscar a cooperação internacional e intervenção do MP nos processos de insolvência transnacional – 2.1 Ilegitimidade ativa e falta de interesse de agir – 2.2 Atuação do MP nos processos de insolvência transnacional – 3. Caso PROSAFE – autonomia patrimonial e centro de interesses principais das sociedades integrantes do grupo econômico – 3.1 Extensão dos efeitos das decisões protetivas proferidas pelo juízo estrangeiro – 3.2 Definição do centro de interesses principais – 4. Notas conclusivas – 5. Referências.

1. INTRODUÇÃO

A Lei 11.101/2005 (Lei de Recuperação de Empresas – LRE), que regula os procedimentos de recuperação judicial (RJ), recuperação extrajudicial e falência do empresário e da sociedade empresária, foi significativamente alterada pela Lei 14.112/2020. As novas normas foram aprovadas em dezembro de 2020 e entraram em vigor no dia 23 de janeiro de 2021, após um período de 30 dias de *vacatio legis*.

Merecem destaque, dentre outras relevantes modificações, as novas regras relativas ao financiamento pós-concursal, a possibilidade de apresentação de planos alternativos por credores, a disciplina das conciliações e mediações antecedentes e incidentais aos processos de reorganização, a legitimidade do produtor rural para pedidos de RJ, a insolvência de grupos empresariais e a repactuação de créditos tributários. A crise de insolvência que justifica o ajuizamento de um pedido de RJ foi conceituada, nos termos do artigo 51, § 6º, I da LRE, como a "insuficiência de recursos financeiros e patrimoniais com liquidez suficiente para saldar as dívidas."

Tão importantes quanto as novidades acima mencionadas são as novas disposições sobre o tratamento da insolvência transnacional, ou seja, das crises de insolvência que envolvem ativos, estabelecimentos ou credores situados em diferentes países.[1] Trata-se

---

1. "Insolvência envolvendo credores estrangeiros gera perplexidades, tanto na teoria quanto na prática, em relação às diferenças de tratamento. Nesse contexto, dilemas ainda maiores podem advir de insolvências em que não apenas os credores, mas também os ativos do devedor, estão espalhados por muitos países. Afinal, a falência é, por sua própria natureza, um processo de execução coletiva. Ativos, créditos e dívidas – em suma, toda a vida econô-

de uma das principais e mais aguardadas novidades decorrentes da reforma legislativa, que preencheu um dos grandes vácuos[2] até então existentes no direito das empresas em crise brasileiro.

A versão atualizada da LRE passou a contar com o Capítulo VI-A, totalmente dedicado aos processos de insolvência transnacional. Esse capítulo foi elaborado com base na Lei Modelo da UNCITRAL[3] e nele se inserem os artigos 167-A a 167-Y, os quais, por seu turno, estão distribuídos em cinco Seções. As Seções I e II trazem as disposições gerais e as regras referentes ao acesso direto, e as Seções III, IV e V dispõem, respectivamente, sobre (a) o reconhecimento de processos estrangeiros, (b) a cooperação com autoridades e representantes estrangeiros, e (c) a disciplina dos processos concorrentes.

No interregno compreendido entre o início da vigência das novas regras e o primeiro trimestre de 2022,[4] o Poder Judiciário Brasileiro teve a oportunidade de julgar dois casos com base nas novas regras de insolvência transnacional, quais sejam, o caso "Latam Airlines" e o caso "Prosafe". O primeiro caso foi ajuizado apenas dois meses após o advento das novas normas, perante uma das varas especializadas de São Paulo, e envolveu a reestruturação financeira da referida companhia aérea. Pouco tempo depois, o grupo econômico Prosafe, atuante na área de prestação de serviços relativos a óleo e gás, deu entrada em dois processos de insolvência transnacional perante uma das varas empresariais do Rio de Janeiro, buscando medidas de proteção e assistência por meio da cooperação internacional.

A relevância da matéria examinada no presente artigo resta evidenciada, dentre outros motivos, pela velocidade com que os primeiros casos de insolvência transnacional foram submetidos ao Judiciário, logo após a reforma da LRE. Nesse sentido, os especialistas Souza Jr. e Becue ressaltam que os precedentes estabelecidos no julgamento desses casos representam "salutar mudança na postura de nosso país frente à crise de multinacionais",[5] não obstante alguns aspectos das decisões mereçam uma análise mais aprofundada.

O presente artigo se destina justamente a essa tarefa. Pretende-se examinar os fundamentos e o conteúdo jurídico dos pedidos e das decisões proferidas nos casos ora mencionados, em cotejo não apenas com as novas disposições legais, mas também com a doutrina especializada e a jurisprudência internacional sobre a matéria. Como resultado, busca-se aferir de que maneira foram aplicadas pela primeira vez, em casos

---

mica de um devedor – estão em jogo em um processo de insolvência. Se todos os ativos, dívidas e créditos estão concentrados em um país, um processo de insolvência local, sob o comando de um único tribunal, é suficiente para fins de cobrança e distribuição. Mas o que acontece, ou o que deveria acontecer, nos casos em que muitos países estão envolvidos, é uma questão intrigante" (CAMPANA FILHO, Paulo Fernando. The legal framework for cross-border insolvency in Brazil. *Houston Journal of International Law*, v. 32, n. 1, p. 101, 2010. Tradução livre).

2. "A Lei de Recuperação de Empresas apresenta dois vácuos, dois buracos negros onde nada existe, nos quais os agentes econômicos procuram – porque precisam – atuar do melhor modo. São pontos em que os advogados, chamados a mostrar a solução, devem ser criativos, e os juízes, aos quais se pede a proteção legal, buscam ser justos. Refiro-me aos grupos de empresas e à insolvência transnacional" (TOLEDO, Paulo Fernando Campos Salles de. *Insolvência transnacional*: a novidade aguardada, 2021, p. 441).
3. *United Nations Commission on International Trade Law*.
4. Período em que o presente artigo foi elaborado.
5. SOUZA JR., Francisco Satiro de; BECUE, Sabrina Maria Fadel. *Insolvência transnacional*: regime legal e a jurisprudência em formação, 2021, p. 338.

concretos, as diretrizes estabelecidas pelas novas regras de insolvência transnacional, destacando os aspectos positivos e também as cautelas a serem eventualmente adotadas no julgamento de casos similares no futuro, com vistas à formação e ao amadurecimento da jurisprudência brasileira sobre insolvência transnacional.

De maneira mais específica, a pesquisa objetiva esmiuçar as primeiras respostas fornecidas pelo Poder Judiciário a temas sensíveis e controversos afetos ao universo da insolvência transnacional, como a participação do Ministério Público (MP), a legitimidade para requerer medidas de cooperação internacional, a autonomia patrimonial das sociedades pertencentes a grupos empresariais multinacionais em situação de crise financeira, e os elementos a serem considerados para a definição do *Center of Main Interests* (*CoMI*) / Centro de Interesses Principais (CIP).

Ao final, e com base nos assuntos abordados ao longo da pesquisa, as notas conclusivas trazem as reflexões do autor sobre a incorporação da Lei Modelo UNCITRAL na LRE, com ênfase nos precedentes estabelecidos até aqui.

2. CASO LATAM AIRLINES – LEGITIMIDADE PARA BUSCAR A COOPERAÇÃO INTERNACIONAL E INTERVENÇÃO DO MP NOS PROCESSOS DE INSOLVÊNCIA TRANSNACIONAL

Pressionada pelos efeitos da crise econômica global decorrente da pandemia de Covid-19, em 26 de maio de 2020 a companhia aérea chilena – com destacada atuação na América Latina e, em especial, no território brasileiro – ajuizou um processo voluntário de reorganização financeira sob supervisão judicial com base nas regras previstas no *Chapter 11* do *US Bankruptcy Code* (*USBC*). O pedido foi protocolado perante o Tribunal de Falências de Nova York,[6] nos Estados Unidos da América (EUA).

Dentre os principais objetivos que levaram a empresa a buscar a proteção da jurisdição norte-americana, em detrimento da utilização dos procedimentos de insolvência disponíveis nos ordenamentos jurídicos do Chile ou do Brasil, para promover a reestruturação de sua dívida e dar continuidade à atividade operacional, merecem destaque (i) a imediata suspensão de medidas individuais de cobrança (*automatic stay*) e (ii) a possibilidade de acesso a novas fontes de financiamento (*Debtor-in-possession – DIP – financing*).[7] A maior flexibilidade no que tange à reestruturação do passivo trabalhista também figura entre os fatores que teriam influenciado a decisão da companhia aérea, como ressalta Lucon.[8]

---

6. *US Bankruptcy Court for the Southern District of New York*.
7. Além do *automatic stay* e do acesso ao mercado de *DIP financing*, Cooper e Veraja também mencionam como benefícios do *Chapter 11*: o quórum relativamente baixo para aprovação de planos de reorganização (2/3 dos créditos em cada classe de credores), a facilidade para o ajuizamento de ações anulatórias (*avoidance actions*) para desfazer transferências de ativos ou outorga de garantias a terceiros, realizadas antes do ajuizamento do processo de insolvência; e a eficiência dos procedimentos de venda de ativos sem sucessão (*free and clear asset sales*) e de revisão de contratos de execução continuada (*executory contracts*). (COOPER, Richard J.; VERAJA, John H. *Chapter 11: an increasingly popular tool for foreign companies seeking to restructure or liquidate*, 2021).
8. "Há, contudo, um terceiro motivo que pode desestimular as empresas no geral de formularem o seu pedido de recuperação judicial no Brasil: a impossibilidade de flexibilização do pagamento de dívidas trabalhistas. É dizer, enquanto outros países – como, por exemplo, os EUA –, permitem ampla flexibilização no pagamento de tais

O pedido voluntário de *Chapter 11* incluiu 29 subsidiárias do conglomerado empresarial constituídas em diversos países da América Latina, incluindo Chile, Colômbia, Equador e Peru. Embora não tenham participado do ajuizamento original, em 9 de julho de 2020 as subsidiárias brasileiras da Latam Airlines protocolaram novos pedidos de *Chapter11* junto ao mesmo Tribunal, nos quais constaram requerimentos de administração conjunta – equivalente, no direito das empresas em crise brasileiro, à consolidação processual[9] – com o processo de insolvência anteriormente ajuizado pelas demais empresas pertencentes ao mesmo grupo econômico.

Em março de 2021, o Ministério Público do Estado de São Paulo inovou ao dar entrada em um *"procedimento de jurisdição voluntária no âmbito da insolvência"*, ajuizado com base nos artigos 167-A, § 5º; 167-P, § 1º; e 167-L da LRE, dentre outros fundamentos jurídicos.[10] Embora não possa ser propriamente qualificado como um caso de insolvência transnacional,[11] eis que as pretendidas medidas de comunicação direta e cooperação internacional não chegaram a se aperfeiçoar, pela primeira vez um provimento judicial foi requerido no Brasil com supedâneo nas regras previstas no Capítulo VI-A da LRE.

Após receber do Tribunal de Falências de Nova York uma notificação com prazo para habilitação de créditos no processo de *Chapter 11* da Latam Airlines, e por considerar tal forma de comunicação inválida e com potencial de prejudicar os credores brasileiros, por supostamente violar a regra da *par condicio creditorum*, o representante do *Parquet* requereu ao juízo da Segunda Vara de Falências e Recuperações Judiciais do Foro Central Cível da Comarca de São Paulo que adotasse todas as providências necessárias para a comunicação direta, cooperação internacional e demais medidas relacionadas ao reconhecimento, no Brasil, do processo de *Chapter 11* em curso perante aquele Tribunal.

Especificamente, O Ministério Público (MP) requereu ao juízo brasileiro que (i) solicitasse ao juízo norte-americano o reconhecimento da reciprocidade dos direitos dos credores brasileiros no processo em curso nos Estados Unidos, citando que a companhia aérea para se manifestar no procedimento iniciado pelo MP no Brasil se assim desejasse; e (ii) informasse ao juízo norte-americano que a notificação enviada ao MP não teria efeito legal, haja vista a existência de regras específicas na LRE para lidar com insolvências transnacionais e tratar do reconhecimento de procedimentos abertos no exterior.

Embora louvável e bem-intencionada, acredita-se que a iniciativa adotada pelo MP, com o devido respeito a eventuais entendimentos em sentido contrário, não se coaduna

---

créditos, a Lei 11.101/2005 determina de forma expressa que os créditos trabalhistas de natureza estritamente salarial vencidos nos 3 (três) meses anteriores à decretação da falência, até o limite de 5 (cinco) salários-mínimos por trabalhador, serão pagos tão logo haja disponibilidade em caixa (art. 151). Nesse sentido, é possível argumentar que a recuperação judicial internacional seria mais vantajosa para a Latam" (LUCON, Paulo Henrique dos Santos. *Insolvência transfronteiriça*: estudo de um caso, 2021, p. 140-141).

9. "A consolidação processual caracteriza-se pela condução conjunta da recuperação judicial de devedoras que compõem o grupo societário. Ela não tem o condão de afetar os direitos e responsabilidades de credores e devedores, sendo apenas uma medida de conveniência administrativa e economia processual" (CEREZETTI, Sheila Neder. *Grupos de sociedades e recuperação judicial*: o indispensável encontro entre direitos societário, processual e concursal, 2015, p. 750-751).
10. Artigo 129, III da Constituição Federal; artigo 103, VIII, da Lei Complementar do Estado de São Paulo 734/1993; e artigos 297 e 719 a 724 da Lei 13.105/2015 (Código de Processo Civil – CPC).
11. SOUZA JR.; BECUE, 2021, p. 338.

com os princípios norteadores da insolvência transnacional; tais princípios estabelecem que os mecanismos de cooperação internacional constituem uma faculdade, e não uma obrigação a ser cumprida pelos grupos societários multinacionais em situação de crise econômico-financeira. A nosso sentir, a ação ajuizada pelo MP também não encontra respaldo legal nas regras previstas no Capítulo VI-A da LRE, tanto em relação à legitimidade ativa e interesse de agir para propositura de medidas de reconhecimento e cooperação em matéria transnacional, quanto em relação à atuação do MP nos processos dessa natureza, conforme abaixo.

2.1 Ilegitimidade ativa e falta de interesse de agir

Os pedidos do MP foram negados pelo juízo brasileiro, que indeferiu a petição inicial e determinou a extinção do processo sem resolução do mérito, com fulcro nos artigos 330 e 485 do CPC, apenas 8 dias após a propositura da demanda. A decisão destacou que a cooperação internacional para insolvências transnacionais pode ser solicitada pela autoridade estrangeira ou pelo representante estrangeiro de um processo de insolvência iniciado em outra jurisdição, independentemente da existência de procedimento de insolvência em curso no Brasil, ou de qualquer outra formalidade ou burocracia.

No caso concreto, todavia, o juízo estrangeiro não havia feito nenhuma solicitação de cooperação perante o juízo local. Em termos práticos, e de acordo com o artigo 167-M, §§ 2º e 3º, isso significa que "os credores não são afetados no Brasil pelo processo de recuperação judicial e poderão prosseguir com suas execuções normalmente", e que não há "interesse de agir ou utilidade no pedido de cooperação com o juízo de fora" ante a inexistência de efeitos a serem produzidos no Brasil perante os credores locais, conforme destacado na decisão. Em outras palavras, "(...) o procedimento estrangeiro sem pedido de reconhecimento em jurisdição brasileira não surtirá efeitos no país, de modo que não haverá suspensão de execuções contra o devedor."[12]

O juízo brasileiro ressaltou ainda que o artigo 167-H confere ao representante estrangeiro[13] a legitimidade exclusiva para ajuizar, perante o juízo local, pedido de reconhecimento do processo estrangeiro em que atua. Como consequência, "Não há legitimidade para outros interessados realizarem o referido pedido, pelo que o Ministério Público é considerado, ainda, parte ilegítima (...)".

O MP interpôs recurso de apelação contra essa decisão. Todavia, os Desembargadores da Primeira Câmara Reservada de Direito Empresarial do Tribunal de Justiça do Estado de São Paulo negaram provimento ao recurso,[14] adotando os mesmos fundamentos da decisão recorrida relacionados à falta de interesse de agir e de legitimidade ativa do MP, conforme excerto transcrito a seguir:

---

12. MACHADO, Liv; BARROS, Diana Freire de Queiroz. Insolvência transnacional, 2021, p. 177.
13. Definido no artigo 167-B da LRE como *"pessoa ou órgão, inclusive o nomeado em caráter transitório, que esteja autorizado, no processo estrangeiro, a administrar os bens ou as atividades do devedor, ou a atuar como representante do processo estrangeiro."*
14. TJSP, 1ª Câmara Reservada de Direito Empresarial. Apelação Cível 1028368-61.2021.8.26.0100, j. 31/08/2021, DJe. 15.09.2021. Acórdão de lavra do Desembargador Relator Dr. Fortes Barbosa.

A aplicação das regras previstas no Capítulo VI-A da Lei 11.101, tal qual acrescentado pela Lei 14.112/2021, só se justifica quando uma autoridade estrangeira (ou um representante estrangeiro) solicitarem assistência no Brasil para um procedimento de reorganização ou liquidação aberto em outra jurisdição, ou quando credores ou outras partes interessadas estrangeiras requerem a abertura ou participação nos procedimentos de insolvência disciplinados na LRF, bem como quando autoridades ou representantes brasileiros buscarem assistência, em outras jurisdições, para processos de insolvência no Brasil ou quando estiverem em curso, concomitantemente, procedimentos de insolvência abertos aqui e em uma ou mais jurisdições. Não se cogita, no entanto, de qualquer destas quatro hipóteses.

O acórdão transitou em julgado no dia 04 de novembro de 2021, dando por encerrada a questão.

2.2 Atuação do MP nos processos de insolvência transnacional

O § 5º do artigo 167-A da LRE dispõe sobre a participação obrigatória do MP nos casos de insolvência transnacional, ao estabelecer que "O Ministério Público intervirá nos processos de que trata este Capítulo". Indicado como um dos fundamentos jurídicos do procedimento ajuizado pelo MP, e um dos poucos dispositivos para os quais não existe norma correspondente na Lei Modelo UNCITRAL, trata-se de um comando normativo controverso, que deu origem a posicionamentos doutrinários antagônicos desde o advento da reforma da lei.

Santos,[15] favorável à norma, destaca que a intervenção do MP nos casos de insolvência está de acordo com a tradição do direito brasileiro, e sua obrigatoriedade se mostra em consonância com o ordenamento jurídico pátrio. Sacramone[16] adota a mesma posição, em razão da relevância dos processos de insolvência transnacional, assim como Costa, Calças e Francisco, os quais assinalam que "o interesse público nas cooperações entre jurisdições estrangeiras é o que torna obrigatória a intervenção do Ministério Público".[17]

Em sentido contrário, para Toledo e Becue,[18] o *Parquet* deveria intervir de maneira excepcional, em prol da celeridade e da segurança jurídica dos atos praticados sem a sua ciência e anuência. De acordo com os referidos doutrinadores:

> O Ministério Público é um ator importante nos processos de insolvência e seus pareceres como *custus legis*, em diversas circunstâncias, são de substancioso valor. Todavia, a previsão de intervenção obrigatória nos procedimentos de insolvência transnacional causa estranheza quando confrontada com a opção originária de restringir a participação do Parquet às situações mais relevantes e pontuais dos

---

15. "Sendo, pois, da tradição do direito brasileiro a intervenção do Ministério Público sempre que houver interesse público, e uma vez que o legislador brasileiro reconheceu que a crise financeira da empresa traz em seu cerne vício econômico que o novo Direito Falimentar procura debelar, (...) nos casos de insolvência transfronteiriça a intervenção do Ministério Público se mostra obrigatória e em consonância com o sistema jurídico brasileiro (...)" (SANTOS, Aparecido Rodrigues dos. *Insolvência transfronteiriça*, 2017, p. 236).
16. "Diante da relevância desses processos, a manifestação do Ministério Público é obrigatória" (SACRAMONE, Marcelo Barbosa. *Comentários à lei de recuperação de empresas e falência*, 2021, p. 629).
17. COSTA, Daniel Carnio; CALÇAS, Manoel de Queiroz Pereira; FRANCISCO, Ronaldo Vieira. *A atuação do Ministério Público em processos de falência transnacional*, 2021, p. 294.
18. TOLEDO, Paulo Fernando Campos Salles de; BECUE, Sabrina Maria Fadel. *Comentários aos artigos 167-A a 167-G*, 2021, p. 883-884.

procedimentos de insolvência (veto ao art. 4º da LRE). (...) A intervenção obrigatória poderá retardar o trâmite dos pedidos de assistência, considerando que em muitas comarcas a demanda do Ministério Público é superior ao seu capital humano, e cria um risco desnecessário de invalidação dos atos praticados sem o acompanhamento do Parquet.

Respeitados os entendimentos divergentes, acredita-se que a segunda posição seja a mais apropriada para a consecução dos objetivos descritos no artigo 167-A da LRE, por ser a que confere, em nossa visão, maior previsibilidade aos processos de insolvência transnacional. Ademais, a nosso sentir, a participação do MP nesses casos de maneira facultativa e sempre que necessária, a critério do juiz, não ofenderia a tradição inerente à atuação do *Parquet* na defesa do interesse público, e tampouco diminuiria a importância dos processos de insolvência transnacional. A tentativa frustrada de cooperação internacional no caso da Latam Airlines, por iniciativa do MP e com fundamento no artigo 167-A, § 5º, pode ser citada como um exemplo das incertezas que a referida norma pode ensejar.

Por outro lado, no caso Prosafe, que será objeto de considerações no próximo capítulo, o juiz adotou uma solução que, aparentemente, acomoda todos os direitos e interesses envolvidos nessa questão, sem violar o artigo 167-A, § 5º: a intimação do MP para tomar ciência das decisões que proferiu, e se manifestar caso entenda haver necessidade. Como a lei não especifica em que momento o MP deverá intervir, a sua intimação *a posteriori* tende a não interferir na marcha processual e, simultaneamente, acomoda os princípios da legalidade, previsibilidade, segurança jurídica, celeridade e eficiência inerentes aos processos de insolvência transnacional. O MP, por seu turno, limitou-se a manifestar ciência de todas as decisões proferidas nesse caso, o que já era esperado em razão da ausência de manifestações contrárias aos pedidos da empresa.

Em termos de amadurecimento da jurisprudência doméstica em matéria de insolvência transnacional, contudo, o caso Latam Airlines constituiu um relevante precedente. As decisões de primeira e segunda instância nele proferidas deixaram claro que a participação do MP deve ocorrer como *custos legis*, isto é, como fiscal da lei e da regularidade do procedimento, e jamais como parte, como pretendeu o representante do *Parquet* do Estado de São Paulo.

Em fevereiro de 2022, o Conselho Nacional do MP deu início a elogiável iniciativa,[19] consistente na criação de um grupo de trabalho encarregado de elaborar um "manual de boas práticas no âmbito dos processos de recuperação judicial e falência de empresas no que tange à atuação dos membros do Ministério Público". Formado por membros dos Ministérios Públicos de diversos Estados, e também por desembargadores, juízes, advogados, administradores judiciais e professores, a iniciativa tem por objetivo uniformizar e aprimorar a participação do *Parquet* nos processos de insolvência, inclusive os de natureza transnacional, evitando percalços semelhantes aos verificados no caso Latam Airlines.

---

19. Mediante a publicação da Portaria CNMP-PRESI 45, de 24 de fevereiro de 2022.

3. CASO PROSAFE – AUTONOMIA PATRIMONIAL E CENTRO DE INTERESSES PRINCIPAIS DAS SOCIEDADES INTEGRANTES DO GRUPO ECONÔMICO

O grupo Prosafe é um conglomerado empresarial composto por sociedades empresárias constituídas em diferentes jurisdições. O grupo é especializado na exploração comercial de embarcações marítimas, com atuação em escala global na área de prestação de serviços relativos ao petróleo, seus derivados e gás natural.

Para os assuntos discutidos no presente artigo, devem ser consideradas, além da controladora Prosafe SE, constituída na Noruega, as seguintes subsidiárias: (i) Prosafe Rigs Pte. Ltd., constituída em Singapura e subsidiária direta da Prosafe SE; (ii) Prosafe Serviços Marítimos SA, afiliada brasileira com sede na capital do Estado do Rio de Janeiro e subsidiária direta da Prosafe Rigs Pte. Ltd.; e (iii) Safe Eurus Singapore Pte. Ltd., constituída em Singapura e subsidiária indireta da Prosafe SE. É o que se denota do exame do organograma societário do grupo, extraído das petições iniciais dos pedidos de reconhecimento de processo estrangeiro e reproduzido abaixo:

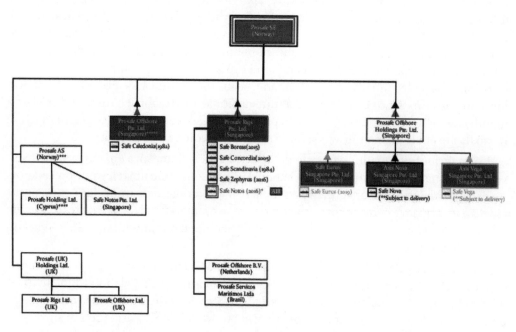

**** Currently under liquidation.

Há que se destacar ainda que os bens mais importantes do grupo Prosafe são embarcações de grande porte, três das quais estavam localizadas próximas a costa do Rio de Janeiro ao tempo do ajuizamento dos pedidos de reconhecimento dos procedimentos estrangeiros: (i) Safe Concordia e (ii) Safe Notos, ambas pertencentes à Prosafe Rigs Pte. Ltd.; e (iii) Safe Eurus, de propriedade da subsidiária Safe Eurus Singapore Pte. Ltd.

Em junho de 2021, a diretora financeira da Prosafe SE e da Prosafe Rigs Pte. Ltd., Sra. Ching Chin Fen, ajuizou duas ações de reconhecimento de processo de insolvência estrangeiro[20] perante a Terceira Vara Empresarial da Comarca do Rio de Janeiro. As duas empresas haviam iniciado procedimentos distintos de insolvência junto ao Tribunal Superior de Singapura, nos quais foram concedidos os pedidos de *moratorium protection*[21] por um período inicial de trinta dias, contados da data de abertura daqueles processos, e posteriormente estendidos em duas ocasiões.[22] Em ambos os casos, Ching Chin Fen havia sido nomeada como representante estrangeira das empresas, o que lhe conferiu legitimidade[23] para a propositura dos pedidos de reconhecimento perante o juízo brasileiro, conforme previsto nos artigos 167-B, IV, 167-C, I e 167-H da LRE.

Fen requereu a concessão de tutelas de urgência, com base no art. 167-L, para suspensão de quaisquer processos ou medidas de execução relativas ao patrimônio da Prosafe SE e da Prosafe Rigs Pte. Ltd. situado no Brasil, especialmente as três embarcações mencionadas acima; e também o reconhecimento dos pedidos de *moratorium protection* abertos em Singapura como procedimentos de insolvência principais, nos termos do artigo 167-M da LRE, para suspensão de execuções, suspensão do curso de todos os prazos prescricionais, e ineficácia de atos de disposição patrimonial do ativo não circulante sem prévia autorização judicial, incluindo a transferência, a oneração ou qualquer outra forma de disposição de bens.

Em julho de 2021, o juízo brasileiro reconheceu os processos de insolvência abertos em Singapura como processos de insolvência principais, e aquela jurisdição como o CIP do grupo econômico, como será detalhado em tópico específico abaixo. Também foi reconhecida a legitimidade da representante estrangeira para abertura dos pedidos de reconhecimento, e a competência da comarca do Rio de Janeiro para julgar os tais pedidos, por se tratar do local em que se encontravam os ativos do grupo no Brasil. Consequentemente, o juízo brasileiro concedeu as tutelas de urgência inicialmente pleiteadas pelo grupo Prosafe.

Em novembro de 2021, também a pedido da representante estrangeira do grupo, o juízo brasileiro reconheceu o plano de reorganização financeira (*scheme of arrangement*) aprovado pelos credores e homologado pela corte de Singapura, para a produção de efeitos em território brasileiro, "[e]m nome do princípio Constitucional da Segurança Jurídica e do dever de cooperação introduzido pelo art. 167-A, I da LRE".

---

20. Processos 0129945-03.2021.8.19.0001 e 0130229-11.2021.8.19.0001.
21. Trata-se de procedimento de pré-insolvência previsto no *Insolvency, Restructuring and Dissolution Act 2018* (IRDA/2018), que regula o direito das empresas em crise em Singapura. A *moratorium protection* consiste na suspensão de todos os processos de execução ajuizados contra devedoras antes do ajuizamento de um processo de reorganização financeira, mediante procedimento semelhante ao previsto no artigo 20-B da LRE.
22. O período de *moratorium protection* foi inicialmente prorrogado Tribunal Superior de Singapura pelo prazo de cinco meses, até 30 de setembro de 2021, e depois por mais quatro meses, até 31 de janeiro de 2022. As duas extensões foram reconhecidas e aplicadas aos processos abertos no Brasil pelo juízo local.
23. "Por sua vez, a representação estrangeira da sociedade devedora, na pessoa da diretora financeira Chang Chin Fen, nomeada pela Corte de Singapura, também se encontra de acordo com o ordenamento jurídico brasileiro, estando legitimada a postular diretamente ao juízo brasileiro o pedido de reconhecimento do processo estrangeiro em que atua" (TJRJ, Ação de reconhecimento de processo de insolvência estrangeiro 0129945-03.2021.8.19.0001. Dr. Diogo Barros Boechat, j. 05.07.2021).

3.1 Extensão dos efeitos das decisões protetivas proferidas pelo juízo estrangeiro

O caso Prosafe constitui um precedente extremamente relevante para a formação da jurisprudência brasileira em matéria de insolvência transnacional. Inequivocamente, a aplicação das novas regras previstas no Capítulo VI-A da LRE proporcionou segurança jurídica e previsibilidade a um conglomerado empresarial que havia dado início a procedimentos de insolvência perante a jurisdição de Singapura para implementar a reestruturação de seu passivo, mas que corria o risco de ver seus objetivos frustrados, caso algum credor dissidente adotasse medidas individuais de cobrança destinadas à constrição de bens situados no território brasileiro. A cooperação internacional se fazia necessária para mitigar tais riscos, e foi devidamente proporcionada pela jurisdição brasileira.

Todavia, acredita-se que alguns elementos das decisões proferidas nesse caso merecem ser examinadas com maior detalhe. Inicialmente, há que se questionar a extensão dos efeitos das medidas protetivas concedidas pelo juízo brasileiro. Conforme descrito no tópico anterior, a proprietária da embarcação Safe Euros é a subsidiária Safe Eurus Singapore Pte. Ltd., a qual, embora pertencente ao grupo econômico Prosafe, não era parte em nenhum dos procedimentos de *moratorium protection* abertos perante o Tribunal Superior de Singapura e, portanto, não faria jus à proteção conferida no Brasil contra o eventual ajuizamento de medidas constritivas a seu patrimônio, salvo melhor juízo.

O ordenamento jurídico brasileiro prestigia o princípio da autonomia patrimonial, inclusive no que concerne aos grupos econômicos,[24] como regra geral. Por conseguinte, a desconsideração da personalidade jurídica entre sociedades pertencentes ao mesmo grupo se aplica em caráter excepcional, em situações de abuso de direito, fraudes ou desvio de finalidade.[25] Ademais, os artigos 167-M e 167-N da LRE estabelecem que as medidas protetivas decorrentes do reconhecimento de um procedimento de insolvência em curso perante uma jurisdição estrangeira são aplicáveis apenas ao patrimônio do devedor. Não há dispositivo legal que autorize a extensão de medidas protetivas às demais sociedades empresárias pertencentes ao mesmo grupo.

Ao estender os efeitos das decisões proferidas por tribunais estrangeiros a bens de sociedades empresárias que não figuram como autoras de nenhum dos procedimentos de insolvência principais, ainda que pertencentes ao mesmo grupo econômico, corre-se o risco de se incorrer, uma vez mais, nos problemas decorrentes da "silenciosa consolidação da consolidação substancial", tão bem destacados por Cerezetti e Souza Jr.[26] em

---

24. Nesse sentido dispõe o art. 266 da Lei 6.404/1796: "As relações entre as sociedades, a estrutura administrativa do grupo e a coordenação ou subordinação dos administradores das sociedades filiadas serão estabelecidas na convenção do grupo, *mas cada sociedade conservará personalidade e patrimônios distintos*" (grifos nossos).
25. "Na verdade, os grupos de sociedades precisam de um direito próprio, aderente à realidade empresarial, de tal forma que a doutrina da desconsideração, em vez de encontrar nesse fenômeno um dos seus maiores focos de aplicação, volte ao leito da excepcionalidade, atuando como remédio apto a enfrentar abusos de direito, fraudes e desvios de finalidade, identificados em casos específicos" (MUNHOZ, Eduardo Secchi. *Desconsideração da personalidade jurídica e grupos de sociedades*, 2004, p. 47).
26. "Os dados apresentados permitem três conclusões. (...) [O] cabimento do litisconsórcio ativo (consolidação processual) é raramente avaliado pelo juiz quando do deferimento do processamento (...). [O] deferimento do processamento com consolidação processual pode ver-se confundido com a definição do tratamento consolidado dos bens e créditos das devedoras (...). [P]elos custos de transação impostos pelo tratamento individualizado das devedoras dentro do procedimento de recuperação, existe concreta possibilidade de que prevaleça a consolidação

artigo elaborado com base em pesquisa empírica sobre recuperação judicial de grupos empresariais, realizada pelo GEDEC da FDUSP[27] entre os anos de 2015 e 2016. Nesse sentido, assinala Dias:[28]

> Este último ponto merece atenção, pois a decisão brasileira deveria se ater aos limites do processo estrangeiro e aos efeitos de seu reconhecimento no Brasil, que são pertinentes apenas à pessoa do devedor e não ao seu grupo empresarial, conforme arts. 167-M e 167-N da LRE. Do contrário, viria à tona o velho problema da silenciosa consolidação substancial de ativos e passivos, que sequer foi requerida ou debatida.

Não se olvida que, na prática, é muito comum verificar-se a administração de sociedades empresárias sem o devido respeito à autonomia patrimonial[29] no Brasil, o que certamente gera consequências nos momentos de crise financeira que antecedem a abertura de processos conjuntos de insolvência. Mas a prestação jurisdicional, no que tange à cooperação internacional em matéria de insolvência, não poderia ir além dos limites estabelecidos pela norma, *data maxima venia*.

Portanto, em razão de todo o exposto, acredita-se que o Poder Judiciário brasileiro, ao julgar casos semelhantes à reestruturação do grupo Prosafe no futuro, deva considerar a autonomia patrimonial de sociedades empresárias pertencentes a grupos econômicos transnacionais, com vistas a evitar a extensão de medidas protetivas a bens de subsidiárias que não sejam parte do processo de insolvência em curso perante outra jurisdição.

3.2 Definição do centro de interesses principais

Conforme mencionado no início deste capítulo, a empresa Prosafe SE, embora constituída na Noruega, figura no quadro societário do grupo como controladora de cinco empresas constituídas em Singapura, incluindo Prosafe Rigs Pte. Ltd. Singapura também é o local em que foram celebrados os seus contratos mais relevantes do conglomerado empresarial, e a jurisdição na qual o grupo é reconhecido por seus principais credores.

Com base nessas premissas, ao analisar o pedido de reconhecimento do processo estrangeiro aberto em nome da Prosafe SE, o juízo brasileiro afastou a presunção *iuris tantum* prevista no artigo 167-I, III da LRE, consoante a qual o país da sede estatutária do devedor corresponde ao seu CIP, e considerou a jurisdição de Singapura como o centro de interesses principais não apenas da sociedade controladora, mas de todo o grupo empresarial, resultando no reconhecimento daquele procedimento estrangeiro

---

substancial quase que por "inércia". (...) Mas uma definição assim importante não pode decorrer de omissão ou inércia, de pequenos atos que, somados, levem impensadamente ao tratamento unitário das devedoras como consequência processual do litisconsórcio facultativo" (CEREZETTI, Sheila Christina Neder; SOUZA Jr., Francisco Satiro de. *A silenciosa "consolidação" da consolidação substancial*, 2016, p. 222).

27. Grupo de Estudos de Direito das Empresas em Crise da Faculdade de Direito da Universidade de São Paulo.
28. DIAS, Leonardo Adriano Ribeiro. *Insolvência transnacional e o primeiro processo estrangeiro reconhecido no Brasil*, 2021.
29. "Em resumo, nos grupos societários é estrutural a ruptura da autonomia patrimonial e organizacional da sociedade-pessoa jurídica. O patrimônio separado, que caracterizava a sociedade isolada, dá lugar a um conjunto de ativos e passivos transferidos livremente segundo os interesses do grupo, sem o menor respeito à fronteira das personalidades jurídicas das sociedades" (MUNHOZ, 2004, p. 44-45).

como o processo de insolvência principal. É o que se depreende do trecho da decisão transcrito abaixo:

> O art. 167-I, "caput", III, ambos da Lei 11.101/05, por sua vez, preveem que o juiz poderá reconhecer, no caso das sociedades, o país de sua sede estatutária como correspondendo ao seu centro de interesses principais, *salvo prova em contrário*. Com efeito, no presente caso, verifico pelo organograma de fls. 6 e pelo estatuto social de fls. 38-41, que a sociedade requerente, embora sediada na Noruega, é a controladora de um grupo de outras sociedades (ao menos cinco), dedicadas à exploração comercial de embarcações, todas elas sediadas em Singapura, inclusive a Prosafe Rigs Pte. Ltd., única quotista da sociedade brasileira Prosafe Serviços Marítimos Ltda. É dizer que *o centro de interesses principais da sociedade requerente e, por consequência, do grupo econômico-empresarial, ou seja, o local em que celebra a maior parte de seus contratos e onde é reconhecida por seus credores encontra-se em Singapura*. Por essas razões, não apenas impõe-se o reconhecimento do feito estrangeiro como processo de insolvência transnacional, como também deve ser ele recepcionado como principal para todos os fins legais.[30] (grifos nossos).

A definição precisa do CIP constitui um dos maiores desafios do direito da insolvência transnacional, inclusive no direito das empresas em crise da União Europeia,[31] especialmente nos casos de crises financeiras de grandes conglomerados multinacionais que desenvolvem diferentes atividades em diversos setores da economia. As dificuldades decorrem, dentre outros motivos, do fato de que não existe consenso sobre uma regra universal do chamado "home country", que possa ser utilizada de maneira indiscriminada para todos os casos de insolvência transnacional.

Em outras palavras, para determinadas atividades empresariais, o CIP pode ser o local em que se concentra a sua administração; para outras, pode ser o local onde se situam os estabelecimentos dedicados à venda de produtos, produção de bens ou prestação de serviços; a definição do CIP pode ainda ter como base o ordenamento jurídico aplicável aos principais contratos, a depender da natureza da atividade econômica e do local em que estes foram celebrados. Nesse contexto, a determinação do CIP deve se calcar na análise, por parte do Poder Judiciário, acerca de qual dentre as atividades empresariais tem predominância sobre as demais, de acordo com as particularidades do caso concreto.[32]

A decisão proferida no caso Prosafe, que considera determinada jurisdição como CIP de um grupo econômico, não é inédita em casos de insolvência transnacional submetidos à apreciação do Poder Judiciário brasileiro, notadamente na fundamentação de decisões que autorizaram o processamento de RJs envolvendo sociedades empresárias constituídas no exterior.[33] Entretanto, e novamente ressaltando nosso respeito a posicionamentos em

---

30. TJRJ, Ação de reconhecimento de processo de insolvência estrangeiro 0129945-03.2021.8.19.0001. Dr. Diogo Barros Boechat, j. 05.07.2021.
31. "However, even though the European Union Regulation has been in force only since 2002, the experiences of the first years of application of this law have made quite obvious that the term `center of main interests` is far from being sufficiently clear. (...) To find a more precise determination of the competent jurisdiction is certainly one of the most urgent challenges of the present-day international insolvency law" (WESTBROOK, Jay Lawrence et al. *A global view of business insolvency systems*, 2010, p. 236-237).
32. MAMEDE, Gladston. *Falência e recuperação de empresas*, 2019, p. 25-26.
33. "Nessa medida, tem aplicado a casos transnacionais a mesma regra de estabelecimento de competência interna prevista no artigo 3º da LRE. No caso Oi, por exemplo, o julgador cita 'o centro de interesses principais do grupo econômico em recuperação', invocando conceito da Lei Modelo, em uma abordagem universalista" (TOLEDO, Paulo Fernando Campos Salles de; LANGEN, Julia Tamer. *A insolvência transnacional no Brasil*, 2021, p. 116).

sentido contrário, não se vislumbram fundamentos jurídicos aptos a embasar a conclusão de que a definição do CIP de uma sociedade empresária deva ser aplicada às demais afiliadas, ainda que se trate da sociedade controladora do grupo empresarial.

Com efeito, a referida extensão não encontra respaldo nas normas de insolvência transnacional recentemente inseridas na LRE, tampouco na Lei Modelo UNCITRAL ou no Regulamento Europeu 2015/848, que dispõe sobre a insolvência transnacional no âmbito da União Europeia, como lecionam Souza Jr. e Becue[34] ao comentar o caso Prosafe:

> A UNCITRAL não define "centro de interesses principais" e admite o relaxamento da presunção. Todavia, os elementos invocados na decisão não correspondem aos debates jurisprudenciais e doutrinários sobre o tema. Em primeiro lugar, não há correlação ou causalidade direta entre definição de COMI de uma ou mais empresas de um grupo de sociedades – ainda que se trata de sociedade controladora – e a extensão do COMI para todas as integrantes do grupo. Até o momento, nenhum país adotou a Lei Modelo da UNCITRAL sobre insolvência de grupos (2019), todavia nem esse instrumento nem o Regulamento Europeu autorizam similar conclusão sobre COMI de todos os membros do grupo, a partir de uma investigação perfunctória.

As decisões proferidas nos procedimentos de insolvência abertos pelo grupo Constellation, outro conglomerado empresarial multinacional atuante na área de óleo e gás, representam importantes precedentes relativos à determinação do CIP em casos de insolvência transnacional. Em dezembro de 2018, a controladora do grupo (Constellation Oil Services Holding, constituída em Luxemburgo) e mais dezessete subsidiárias, incluindo quatro empresas brasileiras, ajuizaram um pedido de RJ junto à Primeira Vara Empresarial da Comarca do Rio de Janeiro.[35]

Na mesma data, dez das dezessete autoras do pedido de RJ deram entrada em um pedido de reconhecimento do processo brasileiro como procedimento de insolvência principal do grupo pela jurisdição dos Estados Unidos da América (EUA), com base nas regras do *Chapter 15* do *US Bankruptcy Code*, perante o Tribunal de Falências de Nova York.[36] Também foram iniciados procedimentos auxiliares na jurisdição das Ilhas Virgens Britânicas (BVI).[37]

Ao julgar recurso interposto contra a decisão que deferiu o processamento da RJ, o Tribunal de Justiça do Estado do Rio de Janeiro aceitou o pedido para 16 das 18 empresas requerentes. Após realizar aprofundado estudo sobre a matéria, o Desembargador Relator concluiu que o CIP de cada uma das afiliadas do conglomerado empresarial deveria ser definido individualmente, e não de maneira conjunta, como se observa no trecho do acórdão reproduzido abaixo:

> A jurisdição para a recuperação das subsidiárias, em se tratando de grupos econômicos, e mercê da autonomia das diversas personalidades jurídicas, não é determinada pelo Centro de Principal Interesse do grupo, entendido como síntese resultante da atividade econômica das diversas sociedades, que serão recuperadas, no plano internacional, em tantos lugares quantos forem os países outras jurisdições,

---

34. SOUZA JR.; BECUE, 2021, p. 339.
35. Processo 0288463-96.2018.8.19.0001.
36. *US Bankruptcy Court for the Southern District of New York*.
37. "The company later filed a petition for foreign recognition of the proceeding in New York, as well as ancillary proceedings in the British Virgin Islands." (Debtwire dockets update: Servicos de Petroleo Constellation SA (Chapter 15 – Brazil). Disponível em: https://www.debtwire.com/intelligence/view/2752241.

segundo seu respectivo ordenamento, atribuam a um dos processos status de principal. O Centro de Principal Interesse, de todo modo, não pode ser determinado pela simples mensuração do local em que situada a mais destacada zona de atuação da empresa, sob o ponto de vista econômico, ao menos para a finalidade de determinar a jurisdição a ser utilizada.[38]

Da mesma forma, a jurisdição norte-americana examinou as características de cada uma das devedoras incluídas no pedido de *Chapter 15 recognition* do grupo Constellation, e também levou em conta as decisões proferidas pelo juízo brasileiro. Essa análise levou a três resultados distintos: o pedido de reconhecimento da RJ foi (i) negado para as duas afiliadas que haviam sido excluídas da RJ em curso no Brasil; (ii) aceito como procedimento de insolvência estrangeiro principal para sete empresas, sobre as quais o juízo considerou que o CIP se situava no Brasil; e (iii) aceito como procedimento de insolvência auxiliar para a sociedade controladora, cujo CIP poderia corresponder ao Brasil ou a Luxemburgo. A decisão destacou ainda que a determinação de cada CIP poderia ser revista, se necessário:

> In sum, as set forth above, the Court grants recognition as a foreign main as to the following Chapter 15 Debtors: Petróleo Constellation, Constellation Overseas, Alpha Star, Gold Star, Lone Star, Star Int'l, and Snover. The Court grants recognition as a foreign nonmain proceeding as to Parent/Constellation. The Court reaches no decision about recognition as to Olinda Star and Arazi since the Brazil courts have ordered the Brazilian RJ Proceeding dismissed as to those two entities. A determination of the COMI may be revisited and the Court may change its COMI determination if parties provide new evidence of changed circumstances of any of the Chapter 15 Debtors.[39]

Assim, acredita-se a determinação do CIP deva ser calcada em análises individualizadas sobre cada uma das sociedades empresárias componentes de um conglomerado empresarial internacional, nos próximos casos de insolvência transnacional submetidos à apreciação do Poder Judiciário brasileiro.

4. NOTAS CONCLUSIVAS

Desenvolvida com base no universalismo modificado, e em consonância com os princípios do Banco Mundial para insolvências eficientes, a Lei Modelo UNCITRAL é o instrumento jurídico que proporciona as melhores soluções para lidar com a incompatibilidade entre os objetivos das normas falimentares de cada jurisdição e a dinâmica da atividade empresarial. Essa incompatibilidade vem à tona quando grupos empresariais atuantes em mais de uma jurisdição enfrentam situações de crise, e se instrumentaliza nos processos de insolvência transnacional.

Até o presente momento, a Lei Modelo foi introduzida no ordenamento jurídico de 49 países,[40] alguns dos quais possuem regimes de insolvência tidos como os mais avançados, como EUA, Reino Unido e Singapura. Nesse cenário, e como já sustentado em

---

38. TJRJ, 16ª Câmara Cível. AI 0070417-46.2018.8.19.0000, j. 26.03.2019, DJe 26.04.2019. Acórdão de lavra do Desembargador Doutor Eduardo Gusmão Alves de Brito Neto.
39. US Bankruptcy Court of the Southern District of New York. Judge Martin Gleen, In Re Servicos de Petroleo Constellation SA et al, case n. 18-13952 (MG), May 09, 2019.
40. De acordo com a homepage da UNCITRAL (https://uncitral.un.org/en/texts/insolvency/modellaw/cross-border_insolvency/status).

outra oportunidade,[41] sua incorporação ao ordenamento jurídico brasileiro representa uma das mais relevantes alterações implementadas pela reforma da LRE, e um grande avanço para o direito das empresas em crise no Brasil, aproximando-o do patamar no qual se encontram as modernas jurisdições ora mencionadas.

Há que se destacar, contudo, que a adoção da Lei Modelo representa apenas o primeiro passo em direção à construção de um sistema brasileiro de insolvência transnacional eficiente e previsível. A aplicação prática das regras previstas no Capítulo VI-A da LRE pelos Tribunais locais, de maneira harmoniosa e com vistas à cooperação, será de fundamental importância para que seja atingido tal mister.[42] O sucesso das novas regras também dependerá "de uma interpretação coerente com a origem internacional da Lei Modelo, os guias de melhores práticas e a experiência internacional a respeito de insolvência transnacional".[43]

A análise dos precedentes indicados no presente artigo permite a conclusão de que, de maneira geral, estamos no caminho certo. Seja mediante o indeferimento de pedidos de cooperação internacional que não estavam de acordo com as novas normas de insolvência, ou pelo reconhecimento de procedimentos de insolvência abertos no exterior e a consequente concessão das medidas de assistência neles pleiteadas, o Poder Judiciário brasileiro forneceu, a nosso sentir, respostas adequadas às primeiras questões de insolvência transnacional que lhes foram submetidas após o advento da reforma da LRE, demonstrando estar preparado para aplicar o novo regime e comprometido com os objetivos da Lei Modelo.[44] A expectativa é no sentido de que futuros casos contribuam ainda mais para o amadurecimento da jurisprudência sobre a matéria, "o que trará maior agilidade para as recuperações transnacionais e, ainda, opções mais eficientes para credores estrangeiros".[45]

Por outro lado, os julgados comentados ao longo desta pesquisa revelam que alguns dos comandos normativos inseridos no Capítulo VI-A da LRE merecerão grande atenção por parte da jurisprudência. A participação do MP, a legitimidade para pleitear a cooperação internacional, e a autonomia patrimonial das sociedades pertencentes a conglomerados empresariais internacionais, seja para a definição dos CIPs ou para a extensão dos efeitos de medidas protetivas, são exemplos de situações que podem dar ensejo a conflitos e disputas nos casos de insolvência transnacional. Caberá aos estudiosos e aplicadores do direito definir o alcance e traçar os limites de aplicação dos dispositivos que regem esses temas, em cotejo com as regras previstas na LRE e nas demais leis brasileiras.

Trata-se de uma tarefa árdua e constante, mas que certamente proporcionará maior segurança jurídica e previsibilidade ao regime de insolvência vigente em nosso país, em virtude do amadurecimento do sistema. Os benefícios advindos dessa evolução serão úteis não apenas aos operadores do direito brasileiros que buscarem o reconhecimento e a concessão de medidas de assistência em outras jurisdições, mas também para os casos estrangeiros nos quais for requerida, por autoridades judiciárias ou representantes do processo, cooperação internacional em matéria de insolvência empresarial.

---

41. ALMEIDA, Arthur Cassemiro Moura de. *Da insolvência transnacional*, 2021, p. 68.
42. SOUZA JR.; BECUE, 2021, p. 342.
43. TOLEDO; LANGEN, 2021, p. 119.
44. SOUZA JR.; BECUE, 2021, p. 344.
45. HATANAKA, Alex et al. Insolvência transnacional e *"cross-border reorganization"*: cooperação entre jurisdições, 2021, p. 231.

5. REFERÊNCIAS

ALMEIDA, Arthur Cassemiro Moura de. Da insolvência transnacional. In OLIVEIRA FILHO, Paulo Furtado de (Coord.). *Lei de recuperação e falência: pontos relevantes e controversos da reforma pela Lei 14.112/2020*. Indaiatuba: Foco, 2021.

BEZERRA FILHO, Manoel Justino. *Lei de recuperação de empresas e falência*: Lei 11.101/2005 comentada artigo por artigo. 15. ed. São Paulo: Thomson Reuters Brasil, 2021.

CAMPANA FILHO, Paulo Fernando. The legal framework for cross-border insolvency in Brazil (July 20, 2009). *Houston Journal of International Law*, v. 32, n. 1, 2010, p. 97-151. Disponível em: https://ssrn.com/abstract=1436535. Acesso em: 31 mar. 2022.

CEREZETTI, Sheila Christina Neder; SOUZA Jr., Francisco Satiro de. A silenciosa "consolidação" da consolidação substancial. *Revista do Advogado*, v. 131, p. 216-223. São Paulo: AASP, outubro de 2016.

CEREZETTI, Sheila Christina Neder. Grupos de sociedades e recuperação judicial: o indispensável encontro entre direitos societário, processual e concursal. In: YARSHELL, Flávio Luiz; PEREIRA, Guilherme Setoguti J. (Coord.). *Processo societário*. São Paulo: Ed. Quartier Latin, 2015. v. II.

COOPER, Richard J.; VERAJA, John H. *Chapter 11: an increasingly popular tool for foreign companies seeking to restructure or liquidate* (out. 2021). Disponível em: https://www.financierworldwide.com/chapter-11-an-increasingly-popular-tool-for-foreign-companies-seeking-to-restructure-or-liquidate#.YgfV-CRv-Ec. Acesso em: 31 mar. 2022.

COSTA, Daniel Carnio; CALÇAS, Manoel de Queiroz Pereira; FRANCISCO, Ronaldo Vieira. A atuação do Ministério Público em processos de falência transnacional. In: COSTA, Daniel Carnio (Coord.). *Sistema brasileiro de insolvência transnacional*. Curitiba: Juruá, 2021.

DIAS, Adriano Leonardo Ribeiro. *Insolvência transnacional e o primeiro processo estrangeiro reconhecido no Brasil*. Disponível em: https://rdlaw.com.br/insolvencia-transnacional-e-o-primeiro-processo-estrangeiro-reconhecido-no-brasil/. Acesso em: 31 mar. 2022.

HATANAKA, Alex; MARTINS, André Chateaubriand; BRUNNER, Murilo Castineira; GASPAR, Lucas Henrique de Lucia. Insolvência transnacional e "*cross-border reorganization*": cooperação entre jurisdições. In: MARTINS, André Chateaubriand; RICUPERO, Marcelo Sampaio Góes (Coord.). *Nova lei de recuperação judicial*. São Paulo: Almedina, 2021.

LUCON, Paulo Henrique dos Santos. Insolvência transfronteiriça: estudo de um caso. In: ABRÃO, Carlos Henrique; CANTO, Jorge Luiz Lopes do; LUCON, Paulo Henrique dos Santos (Coord.). *Moderno direito concursal*: análise plural das Leis 11.101/2005 e 14.112/2020. São Paulo: Quartier Latin, 2021.

MACHADO, Liv; BARROS, Diana Freire de Queiroz. Insolvência transnacional. In LASPRO, Oreste Nestor de Souza; GIANSANTE, Gilberto. *Recuperação judicial e falência: atualizações da Lei 14.112/2020 à Lei 11.101/2005* – estudos da comissão especial de falência e recuperações judiciais da OAB/SP. São Paulo: Ed. Quartier Latin, 2021.

MAMEDE, Gladston. *Falência e recuperação de empresas*. 10 ed. São Paulo: Atlas, 2019.

MUNHOZ, Eduardo Secchi. Desconsideração da personalidade jurídica e grupos de sociedades. *Revista de Direito Mercantil, Industrial, Financeiro e Econômico*, v. 134, p. 25-47. 2004.

SACRAMONE, Marcelo Barbosa. *Comentários à lei de recuperação de empresas e falência*. 2. ed. São Paulo: Saraiva Educação, 2021.

SOUZA Jr., Francisco Satiro de; BECUE, Sabrina Maria Fadel. Insolvência transnacional: regime legal e a jurisprudência em formação. *Revista dos Tribunais*, v. 1034, ano 110, p. 337-355. São Paulo: Ed. RT, dezembro 2021.

SOUZA Jr., Francisco Satiro de; BECUE, Sabrina Maria Fadel. A Adoção da Lei Modelo UNCITRAL e os graus de cooperação internacional: processo estrangeiro principal, processo estrangeiro não principal e processos concorrentes. In: VASCONCELOS, Ronaldo et al (Coord.). *Reforma da Lei de Recuperação e Falência* – Lei 14.112/2020. São Paulo: Editora IASP, 2021.

SOUZA Jr., Francisco Satiro de; BECUE, Sabrina Maria Fadel. TEIXEIRA, Isabella Noschese. *Os credores locais e o processo de insolvência transnacional* (abr. 2021). Disponível em: https://www.migalhas.com.br/depeso/344261/os-credores-locais-e-o-processo-de-insolvencia-transnacional. Acesso em: 31 mar. 2022.

TOLEDO, Paulo Fernando Campos Salles de; BECUE, Sabrina Maria Fadel. Comentários aos artigos 167-A a 167-G. In: TOLEDO, Paulo Fernando Campos Salles de (Coord.). *Comentários à lei de recuperação de empresas*. São Paulo: Thomson Reuters Brasil, 2021.

TOLEDO, Paulo Fernando Campos Salles de. Insolvência transnacional: a novidade aguardada. In: SANTOS, Assione; FLORENTIN, Luis Miguel Roa; SALMAZO, Rodolfo (Org.); WAISBERG, Ivo; BEZERRA FILHO, Manoel Justino (Coord.). *Transformações no direito da insolvência*: estudos sob a perspectiva da reforma da lei 11.101/2005. São Paulo: Quartier Latin, 2021.

TOLEDO, Paulo Fernando Campos Salles de; LANGEN, Julia Tamer. A insolvência transnacional no Brasil. In: LEMOS NETO, Jáder Aurélio; HAYASHI, Renato; FERRAZ, Catarina; SOARES, Victor Souza (Org.). *Ensaios de direito empresarial* – estudos em homenagem ao professor Ivanildo Figueiredo. Olinda: Ed. Livro Rápido, 2021.

WESTBROOK, Jay Laurence; BOOTH, Charles D.; PAULUS, Christoph G.; RAJAK, Harry. *A global view of business insolvency systems*. Leiden – Boston: The World Bank and Martinus Nijhoff Publishers, 2010.

CONCILIAÇÕES E MEDIAÇÕES NOS PROCESSOS DE RECUPERAÇÃO JUDICIAL E A UTILIZAÇÃO DE CÂMARAS ESPECIALIZADAS NA INSOLVÊNCIA EMPRESARIAL

Elias Mubarak Junior

Advogado, sócio fundador do Mubarak Advogados Associados, atuante na área de insolvência. Presidente da Med Arb RB, CEO do IEJA/SP – Instituto de Estudos Jurídicos Aplicados e Vice-presidente do IBAJUD – Instituto Brasileiro de Administração Judicial.

Talita Musembani

Pós-graduada e especialista em Direito Civil e Empresarial pela Faculdade Damásio de Jesus, Especialista em Recuperação Judicial e Falências pela Pontifícia Universidade Católica de São Paulo (PUC/SP) e em Mediação e Arbitragem pela Fundação Getúlio Vargas. Advogada, Gestora Jurídica de Administração Judicial da EXM Partners Assessoria Empresarial Ltda., Vice- Presidente da Med Arb RB e da Comissão de Estudos de Recuperação Judicial e Falências da OAB Ribeirão Preto/SP.

Sumário: 1. Introdução – 2. Conciliações e mediações nos processos de recuperação judicial e a utilização de câmaras especializadas na insolvência empresarial – 3. Referências.

1. INTRODUÇÃO

O tema ora abordado inaugura na Lei 11.101/2005 um capítulo destinado a regulamentar o uso de conciliações e mediações nos processos de insolvência, em consonância com o movimento global de incentivo da utilização dos métodos alternativos de composição de conflitos e uso sustentável do judiciário.

As normas brasileiras previam anteriormente a conciliação desde os tempos da independência, seja com a Constituição Federal de 1824 (art. 161), na Constituição de 1988 (art. 4º, VI e VII), na Emenda Constitucional 45/2004 (inciso LXXVIII do art. 5º da CF), na Lei 9.099/95, Lei de Arbitragem (9.307/96), Resolução 125/2010 do Conselho Nacional de Justiça, dentre outras, de modo que paulatinamente o princípio do acesso à justiça garantido na Constituição Federal veio se ampliando, viabilizando que a sociedade pudesse passar a buscar ferramentas extrajudiciais de resolução de conflitos de forma mais abrangente, extrapolando os limites do Poder Judiciário.

Atualmente, as empresas necessitam estar conformidade com os Objetivos de Desenvolvimento Sustentável da ONU, que prevê em seu ODS 16 a paz, justiça e instituições eficazes, investindo em Desenho de Sistemas de Prevenção e Resolução de Disputas (DSD

– *Dispute System Design*),[1] dando ensejo, sempre que possível, aos métodos consensuais antes de movimentar o Poder Judiciário.

Importante ainda mencionar que o Brasil assinou em julho/2021 a Convenção de Singapura, que trata sobre mediação comercial internacional e já foi subscrita por cerca de 54 países até o momento, a qual é considerada relevante conquista, na medida em que traz uniformização e eficiência para o reconhecimento de acordos internacionais resultantes da mediação.

Atualmente, nosso ordenamento conta com diversas ferramentas para resolução de conflitos, dentre as quais destacam-se negociações, mediação, arbitragem e a conciliação. Entretanto, a eficiência na resolução de conflitos pode ser obtida com um adequado Desenho de Sistemas de Prevenção e Solução de Disputas (DSD), customizado, com organização técnica e planejada de procedimentos e recursos para a elaboração de sistemas de prevenção, gerenciamento e resolução de disputas de acordo com as necessidades e peculiaridades envolvidas.

No que tange à reforma da Lei de Falências e Recuperação Judicial, tem-se que o objetivo do legislador foi trazer maior efetividade na busca de uma solução negociada entre credores e devedora, optando por inserir na legislação a conciliação e a mediação de forma expressa, em especial porque a recuperação judicial possui natureza de negociação coletiva, que envolve relações duradouras para soerguimento da empresa, sendo, portanto, fundamental a criação de um bom ambiente negocial no intuito de viabilizar o sucesso do processo.

Assim, a mediação tornou-se uma ferramenta essencial para diminuir litígios processuais que abrangem alinhamento de múltiplos interesses, permitindo maiores tratativas entre credores e empresas em recuperação, saindo da simples esfera de negociações e em prol de saídas criativas de ganhos mútuos, que propiciam efetivamente o soerguimento, a preservação de empregos e a movimentação da economia do país.

Em que pese ainda tímido, considerando o contexto pré-pandemia ao atual, observa-se um aumento no estímulo e incentivo no uso das mediações e conciliações em casos de insolvência empresarial no Poder Judiciário brasileiro, inclusive com a nomeação de Câmaras Especializadas para a atuação voltada a área de insolvência e empresarial, viabilizando que seja dado fim aos litígios de forma mais célere e eficiente, com expertise direcionada ao mercado, o que vem em proveito da sociedade como um todo.

2. CONCILIAÇÕES E MEDIAÇÕES NOS PROCESSOS DE RECUPERAÇÃO JUDICIAL E A UTILIZAÇÃO DE CÂMARAS ESPECIALIZADAS NA INSOLVÊNCIA EMPRESARIAL

Dispõe o art. 20-A, da Lei 11.101/05 que "a conciliação e a mediação deverão ser incentivadas em qualquer grau de jurisdição, inclusive no âmbito de recursos em segundo

---

1. O conceito foi apresentado pela primeira vez na década de 90 por William Ury, Jeanne Brett e Steven Goldberg, na obra URY, William, BRETT, Jeanne, GOLDBERG, Stephen B. *Gettitng Disputes Resolved to cut the costs of Conflict*. Cambridge: PON Books, 1993.

grau de jurisdição e nos Tribunais Superiores, e não implicarão a suspensão dos prazos previstos nesta Lei, salvo se houver consenso entre as partes em sentido contrário ou determinação judicial".

Referido dispositivo materializa o incentivo para que a mediação e a conciliação sejam aplicadas ao processo de insolvência, o que foi iniciado na edição da Resolução 125 do CNJ, passando pela promulgação da Lei de Mediação (13.140/15), reforma do Código de Processo Civil, que traz diversos dispositivos mencionando a conciliação e a mediação.

Aprovado na I Jornada de Prevenção e Solução Extrajudicial de Litígios, promovida pelo Conselho da Justiça Federal, o Enunciado nº 45, foi de suma relevância para o tema em debate, pois consolidou o entendimento é de que "a mediação e conciliação são compatíveis com a recuperação judicial, a extrajudicial e a falência do empresário e da sociedade empresária, bem como em casos de superendividamento, observadas as restrições legais". Além disso, os novos enunciados incentivando a Conciliação e a Mediação, publicados em 14.10.2021, em resultado da II Jornada de Prevenção e Solução Extrajudicial de Litígios da Justiça Federal CJF (n. 190, 218, 200, 201, 202, 222), também se consideram norteadores e referência para melhor aplicação da mediação no processo de recuperação e que já contemplam interpretações e análise das novas disposições da Seção II A do art. 20 da Lei 11.101/2005.[2]

O CNJ editou a Recomendação 58 em 2019, visando orientar magistrados responsáveis por processos de insolvência empresarial, de varas especializadas ou não, para que passassem a promover, sempre que possível, o uso da mediação.

É certo que a inserção da conciliação e da mediação na lei pode ser interpretada como reflexo da construção da sociedade, ressaltando o protagonismo das partes em busca de

---

2. II Jornada de Prevenção e Solução Extrajudicial de Litígios da Justiça Federal CJF, enunciados. Disponível em: https://www.cjf.jus.br/cjf/corregedoria-da-justica-federal/centro-de-estudos-judiciarios-1/prevencao-e-solucao--extrajudicial-de-litigios. Acesso em: 08 nov. 2021.

Enunciado 190 – O princípio da confidencialidade da mediação também se aplica ao administrador judicial, a quem compete avaliar tão somente o resultado final das negociações consubstanciadas nos acordos resultantes da mediação levados à homologação em juízo, pedir às partes informações necessárias à sua fiscalização e atentar para que os prazos do art. 20-A da Lei 11.101/2005 sejam observados.

Enunciado 194 – No que se refere à comprovação da instauração do procedimento de mediação prevista na Lei n. 11.101/2005, basta a apresentação do convite para a primeira reunião de mediação ou pré-mediação nos moldes previstos na Lei 13.140/2015.

Enunciado 200 – O mediador pode consultar os envolvidos sobre a conveniência da participação de outras pessoas potencialmente afetadas pelo resultado final da mediação, sem que tal conduta importe em quebra do dever de imparcialidade.

Enunciado 201 – Na mediação antecedente ou durante a recuperação judicial, não cabe ao mediador julgar a existência, exigibilidade e legalidade do crédito. Na mediação em recuperação judicial, todos os participantes, colaborativamente, devem zelar pela observância da ordem de preferência dos créditos e pela verificação de existência, exigibilidade e legalidade dos créditos.

Enunciado 202 – Na mediação antecedente à recuperação judicial, a empresa devedora e seus credores são livres para estabelecer a melhor composição para adimplemento das obrigações.

Enunciado 218 – O princípio da confidencialidade aplica-se integralmente às mediações empresariais.

Enunciado 222 – O juiz incentivará, com o auxílio do administrador judicial, a desjudicialização da crise empresarial, seja nos processos de recuperação judicial, seja extrajudicial, como forma de encontrar a solução mais adequada ao caso e, com isso, concretizar o princípio da preservação da atividade viável.

uma solução eficiente. A pandemia apenas acelerou esse processo, com a modificação pelo legislativo do teor da LREF, que estava em tramitação para votação há alguns anos. Com a crise econômica prestes a se instalar em decorrência da pandemia ocasionada pelo coronavírus, se fazia necessária a criação de medidas de urgência para lidar com o cenário enfrentado.

Na mesma esteira, o PL 1397/20 foi amplamente debatido e o seu espírito encontra-se incorporado dentro da Seção II-A da Lei 11.101/05, que ampliou o escopo, na medida em que a reforma adotou a conciliação e a mediação como ferramenta para solução da crise da empresa, de aplicação antecedente ou incidental, ao processo de recuperação judicial.

A mudança de paradigma foi realizada no processo de recuperação judicial do Grupo OI, onde se utilizou de procedimentos de conciliação, viabilizados inclusive de forma pioneira via plataformas digitais. Cumpre destacar que todo esse empenho só foi possível por meio da decisão do Tribunal de Justiça do Rio de Janeiro.[3]

Válido abordar que a mediação em recuperação de empresas traz inúmeras oportunidades para alinhamento de interesses comuns, destacando-se a possibilidade de conversão de recuperação judicial em extrajudicial, a mitigação dos conflitos oriundos das impugnações e verificações de crédito (não podendo versar sobre natureza jurídica e classificação de créditos- 20 B), podendo ser aplicada também para questões relacionadas à alienação de bens em UPI, alinhamento de interesses para possibilitar o investimento *DIP*, dentre outras.

Além disso, vale trazer à tona que tal qual mencionado em reportagem publicada no sítio eletrônico Valor Econômico, em 22/04/2022,[4] o uso da mediação para resolver problemas com credores vem ganhando força, em especial dentro dos processos de recuperação judicial, como um suplemento. Um exemplo é o caso da Renova Energia,[5] empresa que optou por experimentar tal modalidade. Na mesma linha de adeptos à modalidade, tem-se o Hotel Maksoud Plaza[6] e a rede de lojas Le Postiche.[7]

A medida pode ser uma solução rápida e de baixo custo para devedores e credores, sendo certo que acordos fechados por meio de mediação são homologados pelos juízes e têm valor de sentença. O litígio termina na oportunidade, reduzindo gastos com honorários, despesas judiciais e a quantidade de recursos que viria com um processo judicial. Isso porque as discussões levadas a instâncias superiores tendem a durar anos, as vezes décadas, para terminar.

Com a mediação, geralmente leva-se alguns meses até o deslinde final da questão. No caso da recuperação judicial da empresa Le Postiche, por exemplo, o acordo foi homologado no mesmo mês. Nestes casos mencionados acima, que tramitam no Tri-

---

3. TJ-RJ, AI's 0019043-25.2017.8.19.0000, 0017885-32.2017.8.19.0000, 0018325-28.2017.8.19.0000, 0018882-15.2017.8.19.0000 e 0018957-54.2017.8.19.0000, 8ª CC, Rel. Des. Mônica Maria Costa Di Piero.
4. *Valor Econômico*. Empresas em Recuperação Adiram Mediação para Negociar com Credor. Disponível em: https://valor.globo.com/legislacao/noticia/2022/04/22/empresas-em-recuperacao-adotam-mediacao-para-negociar-com-credor.ghtml. Acesso em: 23 abr. 2022.
5. TJ-SP, Proc. 1103257-54.2019.8.26.0100 – 2ª Vara de Falências e Recuperação Judicial de São Paulo.
6. TJ-SP, Proc. 1087857-63.2020.8.26.0100 – 1ª Vara de Falências e Recuperação Judicial de São Paulo.
7. TJ-SP, Proc. 1000377-18.2021.8.26.0260 – 2ª Vara Regional de Competência Empresarial e de Conflitos Relacionados à Arbitragem da 1ª RAJ da Capital.

bunal de Justiça do Estado de São Paulo, o uso da mediação foi indicado pelo juiz ou o administrador judicial do caso, e a medida só foi adiante ante a concordância das partes envolvidas – credor e devedor.

Conforme consta na reportagem mencionada, a empresa Renova aceitou a tentativa de composição com o Operador Nacional do Sistema Elétrico (ONS) para tratar sobre o pagamento de valores devidos a 237 transmissoras. As negociações ainda se encontram em fase inicial. O juiz da 2ª Vara de Falências e Recuperações Judiciais da capital paulista, onde corre o processo, nomeou em março a câmara especializada Med Arb RB para atuar no caso. É nesse ambiente, com o auxílio de um mediador, que tentarão uma decisão por consenso.

Assim, tem-se que começou a tratar-se mais em mediação no mercado de recuperações judiciais depois que o Conselho Nacional de Justiça (CNJ) publicou recomendações aos juízes.

A primeira foi no fim de 2019 e outras vieram em 2020 – o ano do início da pandemia. Contudo, houve de fato a mudança conceitual com a reforma da Lei de Falências e Recuperações Judiciais (n. 11.101), no início de 2021. A norma passou a prever o uso da mediação inclusive como uma etapa pré-processual, com direito a benefícios que antes só eram permitidos dentro dos processos – como a suspensão das ações de cobrança contra a devedora por 60 dias.

Em síntese, a ideia principal dessas alternativas à judicialização dos conflitos é de um "tribunal multiportas", retirando do judiciário a exclusividade de satisfação das necessidades das partes e o protagonismo no que diz respeito a tomada de decisões.

Ocorre que para o sucesso da aplicabilidade é essencial que os envolvidos acreditem ser este o melhor caminho, que todos estejam comprometidos ao diálogo respeitoso, e daí advir a real intenção de mudança da cultura litigante por parte dos advogados, que passa a ser interessante para todos, e não somente a um único cliente, uma única parte, visando colocar fim ao impasse, o que nem sempre ocorre a partir de uma decisão judicial.

Voltando aos casos, a Le Postiche, empresa de bolsas, malas e acessórios, decidiu pela mediação em julho do ano de 2021. Usou esse método para resolver um conflito com proprietários de imóveis onde funcionavam algumas se suas lojas. A companhia concordou em entregar as salas e os locadores e, em troca, deram as dívidas por quitadas. Sem acordo, a dívida ficaria no processo de recuperação - a ser paga conforme o plano aprovado em assembleia geral de credores, com possibilidade de desconto e pagamento parcelado – e os proprietários teriam dificuldade de reaver os imóveis de forma imediata. O acordo com os locadores foi homologado no mesmo mês pela juíza da 2ª Vara Regional de Competência Empresarial, na capital paulista, onde tramita o processo.

No caso do Maksoud Hotel, a mediação foi utilizada na posse do prédio na capital paulista onde o "cinco estrelas" funcionou por 42 anos. Havia litígio o envolvendo desde 2011, quando os empresários irmãos e acionistas da Simpar arremataram o imóvel por R$ 72 milhões – R$ 137 milhões em valores atualizados – em um leilão da Justiça do Trabalho. A Hidroservice, holding do grupo Maksoud, questionou a validade do leilão na Justiça e estava, entre idas e vindas, se mantendo na posse do hotel.

Durante o processo de recuperação judicial, após recomendação do administrador judicial, as partes concordaram em tentar um acordo por meio de mediação e o resultado foi frutífero, tendo sido estabelecido que não haveria honorários de sucumbência no caso - quando a parte derrotada paga o advogado da parte vencedora, e, ainda, fixaram uma cláusula de incentivo de desocupação. Os irmãos Simões se comprometeram apagar um valor extra de R$ 59milhões e o Maksoud, em troca, entregaria o prédio no prazo estipulado.

Com os valores, o Maksoud conseguiu quitar o plano de recuperação, pagar dívidas tributárias e ainda sobrou dinheiro para dar continuidade às atividades da empresa - agora, mais ligadas à prestação de serviço e gestão imobiliária.

No caso em comento, o acordo foi fechado em cinco meses e homologado pelo juiz da 1ª Vara de Falências e Recuperações de São Paulo, porém, ainda não está completamente concluído. Os irmãos Claudio e Roberto Maksoud, filhos do fundador do hotel, Henry Maksoud, interpuseram recurso na Justiça questionando o valor da venda do prédio, que, segundo eles, valeria R$ 300 milhões.

Nesta linha, como pontuado pelo Ministro Paulo de Tarso Sanseverino, do Superior Tribunal de Justiça, a mediação é o método adequado que busca a desjudicialização, sendo que as partes conseguem resolver a situação de forma bem menos desgastante. É o que se espera também neste caso, assim como em tantos outros que vem sendo incentivados no judiciário brasileiro.

Vale destacar alguns outros casos de conhecimento público nos quais a mediação e a conciliação foram aplicadas com resultados positivos nos processos de Recuperação Judicial, além destes supramencionados: (i) Livraria Saraiva (Processo 1119642-14.2018.8.26.0100 – 2ª Vara de Falências e Recuperações Judiciais da Capital/SP); (ii) Sete Brasil (Processo 0142307-13.2016.8.19.0001 – 3ª Vara Empresarial da Capital/RJ); (iii) Grupo Isolux Corsán (Proc. nº 1072469-28.2017.8.26.0100 – 1ª Vara de Falências e Recuperações Judiciais da Capital/SP); (iv) Empavi Ltda. (Processo 1050778-50.2020.8.26.0100 – 2ª Vara de Falências e Recuperações Judiciais da Capital de São Paulo); (v) Grupo Dedicatto - Izzo Móveis & Decorações e outros (Processo 1061507382020.826.0100 – 2ª Vara Regional de Competência Empresarial e de Conflitos relacionados à arbitragem da 1ª RAJ).

Além desses casos mais antigos, recentemente tem-se observado a nomeação de Câmaras Especializadas, como a Med Arb RB, consolidando-se como uma tendência, para atuar em feitos recuperacionais ou Tutelas Cautelares Antecedentes, dentre outras questões envolvendo a insolvência empresarial.

De acordo com Paulo Furtado de Oliveira Filho, Câmara Especializada é uma entidade sem definição na Lei 11.101/05. A interpretação mais adequada ao propósito legislativo é que a Especialização da Câmara seja na matéria empresarial de recuperação judicial e falência, com atuação em resolução de conflitos multilaterais. As câmaras inscritas em cadastro nacional e em cadastro de tribunal de justiça e os mediadores devem ter capacitação mínima por meio de curso realizado por entidade credenciada conforme parâmetro curricular definido pelo Conselho Nacional de Justiça em conjunto com o Ministério da Justiça. Os Tribunais de Justiça determinam o percentual das audiências não remuneradas que deverão ser suportadas pelas câmaras privadas nos casos de gratuidade de justiça como contrapartida de seu credenciamento (167 e 168 do CPC).

Nas hipótese supramencionadas, as primeiras sessões de pré-mediação foram ou devem ser realizadas desde logo para viabilizar a negociação com os credores da empresa e respectiva consecução de um plano de recuperação viável e efetivo ou quem sabe até mesmo na conversão desse procedimento em recuperação extrajudicial (quando em vias de procedimento prévio), na forma *on line* e de acordo com o seu regulamento, por meio da técnica do negócio jurídico processual, sem prejuízo da manutenção do *stay period*, observando sempre os princípios que informam a Lei 11.101/2005, já supra mencionados.

Tal contexto, envolvendo uma mediação antecedente, ocorreu no caso da Recuperação Judicial de Dini Têxtil Indústria e Comércio Ltda,[8] em trâmite perante a 2ª Vara Regional de Competência Empresarial e de Conflitos Relacionados à Arbitragem da 1ª RAJ, em demanda proposta por Ferramentaria Gaspec Ltda.,[9] e também na Cautelar Antecedente proposta por Construtora CEC Ltda.,[10] todos na comarca da Capital de São Paulo.

Tem-se que o caminho é longo, e estamos no princípio. Contudo, há um nítido incentivo à prática, que vem aumentando a cada mês, principalmente por parte de juízes de varas especializadas em nosso ordenamento jurídico, seguindo as recomendações e novos artigos inseridos na Lei 11.101/2005. Além disso, a mediação tem sido utilizada para aproximar o devedor dos credores na construção do plano de pagamento, por exemplo, e em situações bilaterais, o que tem sido um caminho frutífero. Este é o entendimento do juiz Paulo Furtado, que acompanha cinco casos desta espécie.

Importante ainda pontuar que se questiona sobre os princípios da mediação, no sentido de compatibilizarem com aqueles que norteiam o instituto da recuperação de empresas. Entre eles, há o princípio da preservação da empresa, função social, viabilidade, transparência, lealdade e, finalmente, o da paridade entre os credores, sendo certo que todos os princípios da Mediação são compatíveis com a recuperação de Empresas, uma vez que, dentre outros, preservam (i) a autonomia da vontade das partes, porque não as obriga a participar do procedimento nem a incorrer nos seus custos se assim não desejarem; (ii) a isonomia, porque todas as partes são ouvidas de forma igualitária, o mediador promove troca simétrica de informações e, (iii) há confidencialidade na sessão de Mediação, permitindo soluções mais criativas, sendo que somente o acordo com o resultado final será homologado em juízo, respeitada a transparência, e o Mediador não pode atuar como testemunha em processos judiciais ou arbitragem.

Alguns apontamentos são de suma relevância. Vejamos: No Brasil, a mediação pode ser sugerida pelo magistrado, pelo administrador judicial, pela recuperanda e credores, porém, só terá validade e seguirá se as partes concordarem, em vista do princípio de voluntariedade. A confidencialidade, princípio importante na mediação, tem o condão

---

8. TJ-SP, Proc. 1000118-86.2022.8.26.0260 – 2ª Vara Regional de Competência Empresarial e de Conflitos Relacionados à Arbitragem da 1ª RAJ.
9. TJ-SP, Proc. 1000386-43.2022.8.26.0260 – 1ª Vara Regional de Competência Empresarial e de Conflitos Relacionados a Arbitragem da 1ª RAJ.
10. TJ-SP, Proc. 1003170-85.2022.8.26.0100 – 3ª Vara de Falências e Recuperações Judiciais da Capital de São Paulo.

de proteger esse ambiente, permitindo que os envolvidos possam compartilhar informações que em ambiente público não poderiam, propiciando a criação de mais opções e melhores condições em relação ao acordo a ser firmado.

No que se refere ao Administrador Judicial, em regra não participa das sessões de mediação. Conforme estabelece o artigo 22, inciso II, "e", da Lei 11.101/2005, "deverá fiscalizar o decurso das tratativas e regularidade das negociações entre devedor e credores". Assim como o Juiz e demais interessados, serão informados do resultado da mediação.

A realização do procedimento de mediação ou conciliação não implicam na suspensão dos prazos previstos na Lei, salvo se houver consenso sobre tal disposição, conste nos termos elaborados por elas e, ainda, sejam submetidos ao crivo do juízo, que poderá homologar tal pretensão ou não. Da mesma forma, por determinação judicial, em casos específicos onde o juízo entender aplicável a medida, visando gerar benefícios à coletividade envolvida no trâmite processual, e, também, ao andamento do processo, poderá ocorrer a suspensão dos prazos, pelo tempo determinado na oportunidade.

Desta forma, conclui-se que a lei introduziu a mediação e a conciliação como ferramentas para auxiliar o tratamento de conflitos na recuperação judicial, extrajudicial e na falência do empresário e da sociedade empresária, oferecendo um ambiente propício e seguro para negociações e acordos, além de buscar minimizar os impactos e os efeitos da judicialização em massa das disputas envolvendo contratos empresariais e demandas societárias.

Nesta linha, válidos os comentários do Prof. Daniel Carnio Costa,[11] no sentido de que a lei apenas sistematizou a tendência dos operadores do direito em aplicar os métodos adequados de solução de conflitos na área da insolvência, contribuindo para a eficiência e celeridade processual. O resultado que a mediação produz, como, por exemplo, na votação do plano de recuperação por consenso, redução do tempo entre o deferimento do processamento da recuperação judicial e a Assembleia Geral de Credores que, pelo teor da nova lei poderá ser substituída por termos de adesão, demonstra a sua eficiência.

Além disso, outro ponto relevante que envolve a conciliação e mediação nos casos ora mencionados são os custos. Estes, que envolvem o processo de recuperação judicial, com a utilização da mediação, poderão ser reduzidos, não apenas em relação ao tempo investido pelas partes, mas a título de despesas que deixarão de existir. Especialmente na área da insolvência, considera-se um investimento a realização de mediações, vez que os

---

11. "A reforma da Lei normatizou o que já vinha sendo amplamente defendido pelos operadores do direito. O Conselho Nacional de Justiça – CNJ, em sua Recomendação 58, já vinha orientando que os magistrados responsáveis pelo processamento e julgamento dos processos de recuperação empresarial e falências, de varas especializadas ou não, promovessem, sempre que possível, o uso da mediação. E o Enunciado 45, aprovado na I Jornada de Prevenção e Solução Extrajudicial de Litígios, promovida pelo Conselho de Justiça Federal, pacificou o entendimento de que "a mediação e conciliação são compatíveis com a recuperação judicial, a extrajudicial e a falência do empresário e da sociedade empresária, bem como em casos de superendividamento, observadas as restrições legais". Leva-se em conta que os projetos de recuperação ou falência abrangem múltiplos interesses, considerando todas as partes neles envolvidas, mas o objetivo comum deve ser o soerguimento da empresa viável (nos processos de recuperação judicial ou extrajudicial) ou de liquidação da empresa viável com a maximização do valor dos ativos para a satisfação dos créditos. Ademais, a mediação e conciliação podem trazer maior eficiência e celeridade processual aos processos de insolvência, que são costumeiramente morosos" (COSTA, Daniel Carnio e DE MELO, Alexandre Correa Nasser. *Comentários à lei de recuperação de empresas e falência*: Lei 11.101, de 09 de fevereiro e 2005. Curitiba: Juruá, 2021. p. 94).

benefícios têm se mostrado eficientes. A oportunidade de negociação coletiva, ouvindo os grupos de interesses, criando espaço seguro para diminuir as assimetrias de informações, proporciona a votação não mais por maioria e sim por consenso, imprimindo ao plano de recuperação um nível de qualidade diferenciado.

Andrea Galhardo Palma[12] defende a aplicabilidade do instituto, abordando inclusive as peculiaridades da recuperação judicial e sua compatibilidade com o instituto da mediação. Aborda na obra coletiva que engloba o diálogo entre a doutrina e jurisprudência dos temas envolvendo as alterações recentes trazidas à Lei 11.101/2005 que:

> A complexidade do procedimento e suas diversas fases ensejam inúmeras questões que exigem desde: 1) análise judicial objetiva dos requisitos legais do processamento (art. 51, I a IX, e parágrafos, da LREF); 2) deferimento do processamento (art. 52); 3) verificação e habilitação de créditos; 4) elaboração do plano; 5) aprovação ou objeção pelos credores, com instauração ou não da Assembleia Geral; 6) classificação dos créditos e ordem dos respectivos pagamentos, segundo o critério legal; 7) análise de questões incidentais (ex.: consolidação consubstancial, trava bancária etc.); 8) fase de execução do plano até o encerramento da recuperação, que exige uma capacitação específica seja do juiz, seja do administrador do judicial ou advogados. Por tratar a recuperação de equilibrar os interesses do devedor, dos credores e terceiros, possibilitando e exigindo que haja cooperação entre eles, e que possam votar as questões em assembleia, num ambiente de negociação, é que sua natureza se compatibiliza com o instituto da mediação.

Com o uso de tal instituto, mediante diferentes técnicas (facilitativa, avaliativa, transformativa ou adaptativa) o profissional escolhido (mediador), terceiro isento, *expert* na área, auxiliará os *players* (devedor, credores e terceiros) na composição desses interesses, de forma a encurtar o procedimento, tornando-o mais célere e eficaz.

Importante também o fato de que os mediadores estão subordinados ao Código de Ética contido no anexo III da Resolução 125/2010 do CNJ, que dentre outros deveres determina a desvinculação da profissão de origem, ausência de obrigação de resultado, não forçar o acordo, além de não tomar decisões pelos envolvidos. Entretanto, está em seu escopo de trabalho desenvolver com os envolvidos o teste de realidade, com dever de assegurar que, ao chegarem ao acordo, compreendam suas disposições.[13]

Para tanto, destaca-se a importância da participação dos advogados na Mediação Empresarial, sobretudo para assegurar que sejam observados os princípios da mediação, redação final da minuta de eventual acordo para que seja exequível e homologável perante o juízo competente, além de atentar para as vedações legais de matérias que não

---

12. PALMA, Andrea Galhardo. *A mediação na recuperação judicial e sua inclusão na lei de falências (com relação determinada pela Lei 14.112, de 25.12.2020)*. in SALOMÃO, Luiz Felipe, TARTUCE, Flávio, COSTA, Daniel Carnio, *Recuperação de Empresas e Falência*: diálogos entre a doutrina e a jurisprudência. São Paulo: Atlas, 2021.
13. CÓDIGO DE ÉTICA DE CONCILIADORES E MEDIADORES JUDICIAIS – Anexo II – Resolução 125/2010 Artigo 2. § 3º Ausência de obrigação de resultado – Dever de não forçar um acordo e de não tomar decisões pelos envolvidos, podendo, quando muito, no caso da conciliação, criar opções, que podem ou não ser acolhidas por eles.
§ 4º Desvinculação da profissão de origem – Dever de esclarecer aos envolvidos que atua desvinculado de sua profissão de origem, informando que, caso seja necessários orientação ou aconselhamento afetos a qualquer área do conhecimento poderá ser convocada para a sessão o profissional respectivo, desde que com o consentimento de todos.
§ 5º Teste de realidade – Dever de assegurar que os envolvidos, ao chegarem a um acordo, compreendam perfeitamente suas disposições, que devem ser exequíveis, gerando o comprometimento com seu cumprimento.

possam ser submetidas à mediação. É aí que surge o maior incentivo à recomendação de nomeação de Câmaras Especializadas na solução de conflitos de insolvência, como a Med Arb RB.[14]

Vale destacar que a lei de mediação brasileira dispôs no art. 7º que "o mediador não poderá atuar como árbitro nem funcionar como testemunha em processos judiciais ou arbitrais pertinentes a conflito em que tenha atuado como mediador". Assim, ausentes previsões específicas sobre a forma de aplicação da mediação nos conflitos relacionados ao processo falimentar e recuperacional, adveio a referida Recomendação 58/2019, visando dar uma orientação aos procedimentos.

Além disso, houve a criação de um Grupo de Teletrabalho sobre processos de recuperação judicial e falência, presidido pelo ministro do Superior Tribunal de Justiça (STJ), Luis Felipe Salomão, via Portaria 162, de 19/12/2018, o qual contribuiu efetivamente com algumas recomendações, as quais interferiram diretamente na Lei 11.101/2005, advindas com as alterações trazidas pela Lei 14.112/2020.

Com a maior aplicabilidade da Resolução 125 de 2010, que criou os CEJUSCs, onde são realizadas as audiências de conciliação e mediação, inclusive as pré processuais, ou seja, aquelas em que não há um processo em andamento e sim um convite para o diálogo, notou-se que, em se tratando de matéria empresarial, haveria a necessidade de estruturar um CEJUSC especializado e bem por isso foi editada a Recomendação 71/2020 do CNJ, para que os Tribunais brasileiros passem a disciplinar em seus Estados os respectivos Centros para o tratamento adequado de conflitos envolvendo matérias empresariais de qualquer natureza e valor, inclusive aquelas decorrentes da crise da Pandemia da Covid-19, na fase pré-processual ou em demandas já ajuizadas.

Utilizando-se de experiências bem-sucedidas já implementadas por alguns Tribunais brasileiros, que criaram CEJUSC Empresariais para tratamento de casos de falência e recuperação judicial, essa recomendação buscou oferecer aos juízos de toda a federação um procedimento uniforme e lastreado em boas práticas. De acordo com reportagem veiculada no sítio eletrônico Valor Econômico,[15] "na Justiça Estadual, onde tramitam disputas empresariais, os processos costumam levar mais tempo para serem encerrados. Três anos e quatro meses, em média, apenas no primeiro grau. Se houver recurso aos tribunais de Justiça, 11 meses até a baixa do processo, segundo o último relatório Justiça em Números do Conselho Nacional de Justiça (CNJ), divulgado em setembro (2021). A demora maior é na fase de execução. Para cumprir o que foi decidido, leva-se sete anos e dois meses, em média." O número de mediações durante a pandemia também aumentou na Cam-CCBC. Foram 13 novos casos até outubro, que colocam em jogo R$ 411 milhões, especialmente em disputas societárias, de construção e energia, propriedade intelectual e compra e venda de bens. Em 2020, a entidade fechou o ano com 15 procedimentos - o dobro do registrado anualmente nos três anos anteriores à pandemia."

Atualmente, de acordo com pesquisa realizada que tomou como base as recuperações judiciais requeridas na comarca da capital do Estado de São Paulo (Tribunal

---

14. Disponível em: https://www.medarbrb.com. Acesso em: 06 maio 2022.
15. Disponível em: https://valor.globo.com/legislacao/noticia/2021/10/27/crise-economica-eleva-numero-de-mediacoes-entre-empresas.ghtml. Acesso em: 04 abr. 2022.

de Justiça do Estado de São Paulo), envolvendo as Varas Regionais de Competência Empresarial e de Conflitos Relacionados à Arbitragem (RAJs) e, ainda, as 3 Varas de Falência e Recuperações Judiciais, de um total de 147 ações distribuídas entre 09.01.2019 e 26.04.2022, em 17 delas houve a recomendação e incentivo ao uso de mediação. Em relação às Recuperações Judiciais deferidas neste mesmo período, no universo de 125 demandas, houve o incentivo do uso de métodos alternativos consensuais em 28 delas. Há, da mesma forma, num universo de 28 Recuperações Judiciais concedidas neste mesmo período abrangido na pesquisa, um total de 4 demandas onde houve a recomendação para o uso de mediações.

De todas estas ações, houve recomendação em 5 delas em período pré-pandemia (de 09.01.2019 até 29.11.2019). Todas as demais ocorreram em período pandêmico, o que demonstra um crescente aumento da utilização dos métodos alternativos de resolução de conflitos, com o apoio do Judiciário, principalmente em Varas Especializadas na área de insolvência empresarial.

Nos casos mais recentes, vêm se demonstrando como tendência a nomeação de Câmara Especializada como responsável pela realização das mediações e conciliações, o que, da mesma forma, demonstra uma real tendência de mercado, assim como ocorreu a profissionalização dos Administradores Judiciais, com equipes multidisciplinares, envolvendo administradores, economistas, contadores, advogados, dentre outros, em única empresa (pessoa jurídica), trazendo mais profissionalismo, celeridade, redução de custos e tempo, contribuindo de forma extremamente produtiva e positiva para o deslinde e resolução de controvérsias, sejam elas processuais ou não.

Há um grande leque de possibilidades para o uso de mediações, inclusive na administração pública, no agronegócio e no âmbito tributário, sendo estas cada vez mais exploradas, com implementação de métodos com maior segurança jurídica.

No que diz respeito ao setor de agronegócios, pesam disputas das mais diversas ordens, sendo sua grande maioria decorrentes de relações contratuais, destacando-se os seguintes motivos: i) desequilíbrio econômico-financeiro de contratos; ii) alteração da base objetiva dos negócios jurídicos; iii) precificação em operações de fusão e aquisição; iv) prefixação de contratos de compra e venda de insumos agrícolas, dentre outros.

Crescem os conflitos e litígios perante o judiciário estatal, que já conta com mais de 78,7 milhões de processos,[16] muitos deles baseados na teoria da imprevisão, fato do príncipe, onerosidade excessiva, "pacta sunt servanda", dentre outros, sendo certo que geram incerteza jurídica de resultados para o setor, demandam tempo e riscos, prejudicam futuros investimentos e dificultam a manutenção da fonte produtora. Contudo, há soluções mais eficientes, econômicas e ágeis para conflitos e soerguimento deste mercado, com demandas especialíssimas, que se caracterizam pela volatilidade do valor dos *commodites* agrícolas, com a peculiaridade que há nele o desenvolvimento de usos e costumes próprios dos agentes econômicos (*lex mercatória*), que com frequência trata de produtos perecíveis e envolve na grande maioria das vezes os mesmos parceiros

---

16. Disponível em: https://www.cnj.jus.br/wp-content/uploads/conteudo/arquivo/2019/08/justica_em_numeros20190919.pdf - CNJ - Justiça em números. Acesso em: 05 mar. 2022.

comerciais, a existência de relações comerciais duradouras, o que faz com que métodos consensuais sejam os mais indicados para o setor.

As alterações trazidas pela lei 14.112/2020, que alterou dispositivos da Lei 11.101/2005, Lei de Recuperação de Empresas e Falência (notadamente art. 48, §§ 2º ao 5º e art. 51 § 6º), trouxe segurança jurídica e favor legal para possibilitar o pedido de recuperação judicial de produtores rurais, que preencham os requisitos legais para tanto (art. 48 LRF).

A título de requisitos essenciais dispostos na lei vigentes estão, a comprovação de 2 anos de exercício regular da atividade rural, e especialmente no caso do produtor rural pessoa física, escrita contábil que atenda aos requisitos legislativos específicos e comprovada crise caracterizada *"pela insuficiência de recursos financeiros ou patrimoniais com liquidez suficiente para saldar suas dívidas"* (art. 51, § 6º, I, LRF).

O fôlego que gera o *"automatic stay"* (suspensão das execuções) aliado às possibilidades de reestruturação de fluxo de caixa no âmbito de plano de recuperação com previsão de carências, deságios e alongamentos de dívidas oram características que despertaram a atenção do setor e foram responsáveis por muitos requerimentos, os quais culminaram em entendimentos jurisprudenciais[17] permitindo a extensão de sua aplicação ao produtor rural, o que ensejou a alteração legislativa trazida pela Lei 14.112/2020.

Ocorre que tal favor legal pode, também, resultar em escassez de crédito ao setor e instabilidade nas relações do setor. Assim, importante que as empresas dos agronegócios passem a mudar sua cultura, investindo em um Desenho de Sistemas de Prevenção e Solução de Disputas (DSD – Dispute System Design) adequado, principalmente com a utilização de cláusulas contratuais escalonadas para resolução de conflitos, prevendo métodos tais como mediação, conciliação, arbitragem, *dispute board*, dentre outros, em câmaras ou plataformas especializadas (como inclusive prevê o art. 20- B, § 1º, da LRF), para que tão logo estes produtores rurais necessitem superar desafios, consigam resolvê-los de forma mais eficiente, de forma especializada, com economia de tempo, custos, mantendo suas relações duradouras e em prol da estabilidade de crédito no setor.

No que diz respeito aos produtores rurais precisem do fôlego, conhecido como *stay period* (suspensão de execuções), para promover a negociação através de procedimento de mediação de forma mais eficiente com seus credores, há a possibilidade oferecida pela Lei 11.1101/20, até mesmo com a obtenção de cautelar, nas hipóteses do art. 20 -B da lei 11.101/2005, desde que preenchidos os requisitos legais, estendendo-se o favor da recuperação judicial a eles.

De acordo com Paulo Furtado de Oliveira Filho, que menciona as lições do professor Francisco Satiro

> nada impede que o empresário em dificuldades componha-se livremente com seus credores independentemente da existência de um arcabouço normativo específico. Entretanto, a realidade mostra que, especialmente diante da complexidade estrutural das atividades empresariais atuais e da multiplicidade

---

17. STJ, REsp: 1800032 MT 2019/0050498-5. Quarta Turma. Relator: Ministro Marco BuzzI, Data de Julgamento: 05.11.2019, Data de Publicação: DJe 10.02.2020.

de credores com interesses objetivos no mais das vezes incompatíveis, a tarefa de negociação e composição de débitos, ou mesmo de reestruturação de negócios tende a ser inefetiva, quando não impossível.[18]

Assim, tem-se que, mais uma vez, o auxílio de um mediador imparcial e independente pode fazer a diferença para estabelecer um diálogo focado em interesses mútuos para a construção do consenso. Vale lembrar que o Mediador não julga, não atua como um administrador judicial e não fiscaliza, apenas facilita o diálogo para que as partes construam o consenso. Contudo, em vista do princípio da decisão informada das partes e para que possa fazer o choque de realidade como recomenda o código de ética previsto na resolução 125/2010 do CNJ é importante que tenham conhecimento das peculiaridades que envolvem a mediação empresarial, recuperação de empresas e setor de agronegócios.

Importante lembrar que nos termos do artigo 20 B, § 2º da LRF são vedadas a conciliação e mediação sobre a natureza jurídica e classificação de créditos, bem como critérios de votação em assembleia geral de credores, sendo relevante destacar que as mediações podem ser feitas por meio virtual, como dispõe o artigo 20 D da LRF.

Destaca-se que a mediação pode ser realizada de forma "pré-processual" (art. 20, B, I, LRF) e em Câmaras Privadas especializadas (20, B, I, LRF, § 1º), não necessitando sequer movimentar o judiciário neste sentido, mormente se a suspensão de execuções não for necessária, otimizando o trabalho do judiciário em atenção inclusive ao ODS 16 da ONU e evitando desgaste de imagem e recursos com demandas judiciais.

Não especificamente em relação à aplicabilidade da mediação no agronegócio, mas sim como um todo, em Recuperações Judiciais e demandas falimentares, ocorre nos incidentes processuais de análise de crédito, em caráter de habilitação ou impugnação, em apreço aos artigos 7º, § 2º, e 8º, ambos da Lei 11.101/2005.

Via de regra, após a publicação do edital da 2ª relação de credores (relação apresentada pelo Administrador Judicial após a análise dos créditos realizada por vias administrativas), os interessados (credores, recuperanda ou o próprio administrador judicial) podem distribuir incidente de habilitação ou divergência de crédito, expondo seus motivos e juntando os documentos hábeis à comprovação do quanto alegado, seja visando a alteração de titularidade, valor ou classificação do crédito.

O procedimento envolve a distribuição em si, com a juntada dos documentos nos termos mencionados, além de recolhimento de custas em caso de não beneficiário da assistência judiciária gratuita, bem como, em ato contínuo, movimentação do cartório distribuidor, decisão inicial a ser proferida pelo juízo universal, com a citação da parte contrária para que apresente sua defesa em tempo hábil e expedição de correspondências devidas nos casos em que não estiver cadastrada nos autos.

Depois, há o peticionamento respectivo, nova deliberação intimando o administrador judicial a exarar seu parecer com a análise do crédito, informando se assiste razão ou não ao requerente, considerando os termos da defesa. Em sequência, o processo é remetido ao órgão ministerial, para exarar seu parecer, sendo que, nos termos da regra

---

18. OLIVEIRA FILHO, Paulo Furtado. Das conciliações e das mediações aos processos de recuperação judicial. *Lei de Recuperação e Falência. Pontos relevantes e controversos da reforma pela Lei 14.112/20*. São Paulo: Foco, 2021.

processual, haverá a contagem em formato diferenciado para o *parquet* e, ao final, superado o trâmite normal, o juiz proferirá sentença.

Todos estes atos a serem cumpridos, sem contar com a possibilidade de haver necessidade de nova manifestação das partes envolvidas para sanar eventuais pontos controvertidos, além do fato de ser passível de discordância o teor deliberado em primeira instância, com consequente oposição de embargos declaratórios e até mesmo agravo de instrumento, dentre outros recursos subsequentes.

Destaca-se que em cenário otimista, um incidente processual desta espécie pode levar cerca de 06 a 12 meses para ter uma solução, sendo certo que o investimento na aproximação das partes por meio da conciliação e/ou mediação faz com que as soluções sejam encontradas de forma conjunta e em tempo reduzido.[19]

Ademais, é sabido que a mediação cria um ambiente seguro para aproximar credores e a recuperanda, torna o percurso da recuperação mais célere, além de criar um espaço para a restauração da confiança, pois em muitas situações seu rompimento é nitidamente percebido. A condução das mediações com credores extraconcursais podem ser realizadas paralelamente enquanto ocorrem outras, que vão auxiliar a negociação do Plano de Recuperação Judicial. A mediação traz uma visão sistêmica, de futuro e coletiva da negociação para um melhor gerenciamento em relação aos credores.

Entre os credores extraconcursais, encontram-se contemplados os créditos de natureza tributária que, no novo contexto legislativo devem ter especial tratamento. Quanto a este ponto, nos termos supramencionados, a relação entre o Estado e contribuinte vem ganhando novos contornos e, consequentemente, conquistando avanços.

Em 2020, por exemplo, foi promulgada a Lei 13.988/20, regulamentada pela portaria 9.917/20, que estabelece "os requisitos e as condições para que a União, as suas autarquias e fundações, e os devedores ou as partes adversas realizem transação resolutiva de litígio relativo à cobrança de créditos da Fazenda Pública, de natureza tributária ou não tributária." Posteriormente, em fevereiro de 2021, foi promulgada a Portaria PGFN/ME 2.382/21, que disciplina os instrumentos de negociação de débitos inscritos em dívida ativa da União e do FGTS de responsabilidade de contribuintes em processo de recuperação judicial.

Como se observa, são instrumentos de negociação e, no Brasil já é uma realidade a utilização da Mediação Tributária como método de solução de conflitos.[20] Há exemplos

---

19. Exemplo de caso prático (público) – TJ-SP, Processo 1061507382020.826.0100) – 2ª Vara Regional de Competência Empresarial e de Conflitos relacionados à arbitragem da 1ª RAJ – Dra. Andrea Galhardo Palma) em que diversos incidentes de impugnação forma resolvidos por acordos em mediação, a exemplo o incidente de impugnação 1000409-57.2020.8.26.0260, distribuído em 09/12/2020, teve certificação do trânsito em julgado com baixa (em 26.02.2021) , o lapso temporal de aproximadamente 3 meses, considerando o período de recesso forense, entre os meses de dezembro e janeiro, nos termos do Código de Processo Civil. Dificilmente neste lapso temporal haveria a evolução de um incidente discutindo crédito objeto de habilitação ou impugnação por vias processuais normais, sem a utilização dos métodos alternativos de solução de conflitos.
20. Existem exemplos concretos em alguns estados da Federação que estão aplicando, com êxito, a mediação para questões tributárias, assim como outros com projeto de lei em andamento. Em recente Seminário Internacional sobre Mediação Tributária realizado pela ABDF são trazidas duas interessantes experiências: uma delas do município de Blumenau, premiada pelo prêmio Innovare, e outra da PGN – Rio de Janeiro. ABDF – Associação Brasileira de Direito Financeira – https://www.youtube.com/watch?v=PEqxU9afBBo&t=6091s.

concretos em alguns Estados da Federação que estão aplicando, com êxito, a mediação para questões tributárias, assim como outros com projeto de lei em andamento. A mediação se torna uma opção atrativa para ser combinada com outras ferramentas de reestruturação para estas empresas que contam com limitação de recursos para superação da crise.

Fato é que investir na mediação, especialmente nessa fase inicial, traz muitos benefícios. A negociação do Plano é realizada pelo mediador e/ou sua equipe de forma coletiva, trazendo para esse processo elementos que propiciam a diminuição da assimetria de informações, melhorando o processo decisório, evitando, inclusive, que se formem incidentes de verificação de crédito, pois o acesso aos dados é amplo.

As reuniões são organizadas e há uma agenda a ser seguida, o que dá celeridade ao processo, principalmente se comparado ao sistema tradicional, onde a negociação acaba acontecendo apenas com credores mais relevantes, sendo que os demais só se encontram por ocasião da AGC. A título de exemplo, cita-se a mediação realizada no processo da Livraria Saraiva, no qual entre o início do processo até a data da Assembleia Geral de Credores transcorreram 207 dias,[21] ao passo que esse lapso temporal costuma levar em média 567 dias nas comarcas em que não há varas especializadas em São Paulo e, 407 nas Varas especializadas, conforme informações coletadas no site do Observatório da Insolvência.[22]

Outro exemplo a ser citado é o processo de Recuperação Judicial da empresa Empavi,[23] em que o tempo transcorrido entre o deferimento da Recuperação Judicial (24.06.2020) até a data da Assembleia Geral de Credores (17.06.2021) para aprovação do Plano de Recuperação Judicial transcorreram 358 dias.

A mediação coletiva imprime uma dinâmica negocial diferenciada, propondo a construção do consenso sobre o Plano de Recuperação, além de dar qualidade em relação ao processo decisório. Por outro lado, do ponto de vista econômico, se torna uma opção atrativa diante da eficiência a que se propõe. Em ambiente onde recursos são escassos, o aproveitamento do tempo e a oportunidade de se construir soluções criativas é essencial para os envolvidos.

Existe um estudo baseado na Análise Econômica do Direito sugerindo o aumento da adversariedade entre as partes enquanto o conflito progride por vários estágios e a disputa não é solucionada.[24] O tempo para se chegar a uma solução aumenta os custos de transação, ainda mais em um processo de recuperação judicial em que os prazos para pagamento são alongados.

---

21. Informação obtida diretamente do processo da Recuperação Judicial da Saraiva – Processo 1119642-14.2018.8.26.0100 – 2ª Vara de Falências e Recuperações Judiciais da Capital/SP.
22. Informações fornecidas pelo Observatório de Insolvência – ABJ (Associação Brasileira de Jurimetria) que estuda empiricamente o processo da insolvência e auxilia na formulação de políticas públicas, como a elaboração da nova lei de falências e recuperações.
23. TJ-SP, Processo de Recuperação Judicial – Empavi – Processo 1050778-50.2020.8.26.0100 – 2ª Vara de Falências e Recuperações Judiciais da Capital de São Paulo.
24. TIMM, Luciano. A mediação pela perspectiva da análise econômica do direito. In: NASCIMBENDI, Asdrubal Franco, BERTASI Maria Odete Duque, RANZOLIN Borges Ricardo. *Temas de mediação e arbitragem*. São Paulo: Lex Produtos Jurídicos, 2017. p. 219.

Impende constar que as recentes alterações trouxeram mais um importante incentivo para que a Recuperanda e seus Credores se utilizem da mediação desde o início de processo para negociar o plano de recuperação judicial. Trata-se do artigo 45-A, que determina que: "As deliberações da assembleia-geral de credores previstas nesta Lei poderão ser substituídas pela comprovação da adesão de credores que representem mais da metade do valor dos créditos sujeitos à recuperação judicial, observadas as exceções previstas nesta Lei."

A negociação do Plano estruturada através de um procedimento de mediação multipartes poderá resultar no consenso viabilizando o Termo de Adesão, sem a realização da Assembleia Geral de Credores, o que trará uma significativa diminuição de custos para a Recuperanda. Destaca-se que o fator tempo é um elemento a ser avaliado, pois quanto mais rápido ocorrer a aproximação da devedora com credores que suscitam divergência ou pretendem ver habilitado seu crédito, mais rápido as assimetrias de informações em relação ao montante em discussão poderão ser solucionadas para fins de elaboração do Quadro Geral de Credores.

Nesta linha, o acordo obtido por meio de conciliação ou mediação de que trata esta seção da Lei (art. 20-C), após formalizado, deverá ser homologado pelo juiz competente. Com isso, garante-se segurança jurídica para os credores e devedor. A homologação depende de que tenham sido observados os trâmites legais da composição, assim como tenham sido respeitados, dentre outros, os princípios da independência, da imparcialidade, da autonomia da vontade, da confidencialidade, da oralidade, da informalidade e da decisão informada.

Ainda, eventual acordo, se obtido, à luz do que estatui o *caput* do art. 20-C, será reduzido a termo e homologado pelo juízo competente para o processo de recuperação judicial (art. 3º da Lei). Evidentemente, deve o magistrado rejeitar homologação se versar o seu teor sobre direitos que não são passíveis de transação ou que violem normas de ordem pública. Assim, tem-se os principais aspectos que devem ser observados pelo juízo universal, para fins de homologação de acordo obtido via mediação ou conciliação, que surtirão seus regulares efeitos em ato contínuo no procedimento recuperacional ou falimentar. Já no que diz respeito ao ambiente extraconcursal, na mediação pré-processual a *par conditio creditorum* não necessariamente precisa ser observada, por isto interessante observar as janelas de oportunidade para negociação extrajudicial e a mediação em câmaras privadas.

Valido relembrar que a adesão ao pedido de mediação é voluntária e poderá ocorrer de alguns credores não se interessarem naquele momento pelo acordo. A lei, em seu parágrafo único, procurou proteger os credores que se submeteram ao procedimento de mediação, pois ao estabelecerem o acordo, passaram a constituir uma nova obrigação: trata-se de uma "novação sob condição resolutiva", como bem pontua Marcelo Sacramone.[25]

Ocorre que, se dentro de 360 dias a parte que solicitou a mediação ingressar com pedido de recuperação judicial ou extrajudicial, o credor terá reconstituído seus direitos

---

25. SACRAMONE, Marcelo Barbosa. *Comentários à lei de recuperação de empresas e falência*. 2. ed. São Paulo: Saraiva Educação, 2021.

e garantias nas condições originalmente contratadas e, por outro lado, fica garantido à devedora o direito de deduzir os pagamentos realizados e os atos validamente praticados.

Importante ainda fazer constar que as mediações realizadas através de plataformas *on-line* têm se mostrado muito eficientes, com redução de custos para o ambiente concursal. Na época de pandemia, principalmente em razão da necessidade de distanciamento social, foi muito utilizada facilitando o agendamento de sessões, sendo que os mediadores em vista do princípio da isonomia cuidam de assegurar que todas as partes participantes estejam preparadas para as reuniões e utilizem as plataformas *on-line* com conforto, demonstrando-se como uma tendência ainda nos dias atuais, bem como o formato híbrido.

Além disso, vale constar que o inciso 20-D da Lei 11.101/05 está em consonância e alinhado com o teor estabelecido na lei de mediação, que prevê expressamente em seu Art. 46 que "A mediação poderá ser feita pela internet ou por outro meio de comunicação que permita a transação à distância, desde que as partes estejam de acordo." O Código de Processo Civil Brasileiro também dispôs no art. 193 que "Os atos processuais podem ser total ou parcialmente digitais, de forma a permitir que sejam produzidos, comunicados, armazenados e validados por meio eletrônico, na forma da lei."

Vale destaque o fato de que na I Jornada de Prevenção e Solução Extrajudicial de Litígios, realizada pelo Centro de Estudos do Conselho da Justiça Federal, em 22 e 23 de agosto de 2016, em Brasília, foram aprovados os seguintes enunciados:

> 58. A conciliação/Mediação, em meio eletrônico, poderá ser utilizada no procedimento comum e em outros ritos, em qualquer tempo e grau de jurisdição.
>
> 82. O Poder Público, o Poder Judiciário, as agências reguladoras e a sociedade Civil deverão estimular, mediante a adoção de medidas concretas, o uso de plataformas tecnológicas para a solução de conflitos em massa.

Sobre o tema uso de tecnologia e reuniões virtuais, tem-se na sequência as seguintes recomendações: i) Recomendação 58/2019 CNJ, que previu que a mediação poderá ser presencial ou *on-line* por meio de plataformas digitais, quando justificada a utilidade ou necessidade, especialmente nos casos em que haja elevado número de participantes e credores sediados no exterior, cabendo ao mediador ou ao Centro de Mediação prover os meios para a sua realização; ii) Resolução 355/2020 do CNJ, que "Institui política pública para a governança e a gestão de processo judicial eletrônico. Integra os tribunais do país com a criação da Plataforma Digital do Poder Judiciário Brasileiro – PDPJ-Br, a qual mantém o sistema PJe como sistema de Processo Eletrônico prioritário do Conselho Nacional de Justiça"; iii) Resolução 378/2021 – "Juízo 100% digital"; e iii) Resolução 358/2020 do CNJ, que "Regulamenta a criação de soluções tecnológicas para a resolução de conflitos pelo Poder Judiciário por meio da conciliação e mediação."

Assim, fato é que a mediação se tornou uma ferramenta essencial para diminuir litígios processuais que abrangem alinhamento de múltiplos interesses, permitindo maiores tratativas entre credores e empresas em recuperação, saindo da simples esfera de negociações e em prol de saídas criativas de ganhos mútuos, que propiciam efetivamente o soerguimento, a preservação de empregos e a movimentação da economia do país. Em que pese ainda tímido, considerando o contexto pré-pandemia ao atual, vem sendo observado um constante aumento no estímulo e incentivo no uso das mediações e conciliações em casos de insolvência empresarial no Poder Judiciário brasileiro, inclusive com a nomeação de Câmaras Especializadas para a atuação voltada a área de insolvência e empresarial, viabilizando que seja dado fim aos litígios de forma mais célere e eficiente, com expertise direcionada ao mercado, o que vem em proveito da sociedade como um todo, o que acredita-se que perdurará ao longo dos tempos.

3. REFERÊNCIAS

ALMEIDA, Tania, PELAJO, Samantha, JONATHAM, Eva, *Mediação de conflitos* – para iniciantes, praticantes e docentes. Salvador: JusPodivm, 2016.

ALVES, Rafael Francisco, GARCIA NETO, Paulo Macedo. O Brasil que dá certo: o mercado da arbitragem. *Jota*, 02.07.2016, Disponível em: http://www.caesp.org.br/o-brasil-que-da-certo-o-mercado-da-arbitragem/. Acesso em: 07 fev. 2019.

AVILA, Henrique de Almeida, LABRASTA, Valéria Ferioli. *Política judiciária nacional de tratamento adequado dos conflitos de interesses, 10 anos da Resolução 125/2010*. Edição CNJ e IPAM, 2020.

AYMORÉ, Matheus Carreteiro. Métodos de resolução de conflitos nos contratos empresariais: uma visão prática. *Métodos extrajudiciais de solução de conflitos empresariais* – Adjudicação, *dispute boards*, mediação e arbitragem. São Paulo: IOB Sage, 2017.

BEZERRA FILHO, Manoel Justino. *Lei de Recuperação de Empresas e Falência comentada artigo por artigo*. 15. ed. São Paulo: Editora Thomson Reuters/ Revista dos Tribunais, 2021.

BONASSA, Fátima Cristina, PACHICOSKI, Sílvia Rodrigues. Mediação em processos de recuperação judicial. *AASP, Revista do advogado*. Recuperação de Empresas, n. 150, jun. 2021.

BORDONE, Robert C; SANDER, Frank E. A.; MCEWEN, Craig A.; ROGERS, Nancy H. *Designing Systems and Processes for Managing Disputes*. EUA: Wolters Kluwer Law & Business, 2013.

BRAGA NETO, Adolfo. A mediação empresarial na prática. In: BRAGA NETO, Adolfo; BERTASI, Maria Odete Duque; RANZOLIN, Ricardo Borges (Coord.). *Temas de mediação e arbitragem II*. São Paulo: Lex, 2018.

CAPPELLETTI, Mauro. O acesso à justiça e a função do jurista em nossa época. *Revista de Processo*. n. 61, p. 148-9. São Paulo: Ed. RT, 1991.

CAPPELLETTI, Mauro; GARTH, Bryant. *Acesso à justiça*. Trad. Ellen Gracie Northfleet. Porto Alegre: Sérgio Antonio Fabris Editor, 1988.

COSTA, Daniel Carnio. Recuperação judicial de empresas – as novas teorias da divisão equilibrada de ônus e da superação do dualismo pendular. *Revista Justiça e Cidadão*, edição 207, 2017.

COSTA, Daniel Carnio. A teoria da superação do dualismo pendular e a teoria da divisão equilibrada de ônus na recuperação judicial de empresas. *Biblioteca Jurídica da PUC-SP*. Tomo Direito Comercial, v. 1, jul. 2018.

COSTA, Daniel Carnio, DE MELO, Alexandre Correa Nasser. *Comentários à lei de recuperação de empresas e falência*: Lei 11.101, de 09 de fevereiro e 2005. Curitiba: Juruá, 2021.

COSTA, Daniel Carnio. TARTUCE, Flavio. SALOMÃO, Luis Felipe. *Recuperação de empresas e falência*: diálogos entre a doutrina e jurisprudência. São Paulo: Atlas, 2021.

CNJ – Conselho Nacional de Justiça. Justiça em Números – 2020. Disponível em: https://www.cnj.jus.br/pesquisas-judiciarias/justica-em-numeros/. Acesso em: 09 jul. 2021.

CNJ – Conselho Nacional de Justiça. Justiça em Números – 2019. Disponível em: https://www.cnj.jus.br/justica-em-numeros-39-milhoes-de-acordos-homologados-em-2019/. Acesso em: 09 jul. 2021.

CNJ – Conselho Nacional de Justiça. Justiça em Números – 2021. Disponível em: https://www.cnj.jus.br/wp-content/uploads/2021/09/relatorio-justica-em-numeros2021-12.pdf. Acesso em: 05 mar. 2022.

DEMCHUCK, Carla Araujo, MAISON, Paul Eric, SERPA, Nazareth, 2019. Tradução livre, *Convenção das Nações Unidas sobre Termos de Acordos Internacionais Resultantes de Mediação*. Disponível em: https://www.imimediation.org/2019/11/29/singapore-convention-text-in-portuguese/.

GASTALDI, Suzana. As ondas renovatórias de acesso à justiça sob enfoque dos interesses metaindividuais. *Revista Jus Navigandi*, ISSN 1518-4862, Teresina, ano 18, n. 3817, 13 dez. 2013. Disponível em: https://jus.com.br/artigos/26143. Acesso em: 10 jul. 2021.

GRINOVER, Ada Pellegrini. *Ensaios sobre a processualidade*. Gazeta Jurídica, 2015.

GRINOVER, Ada Pellegrini. Os métodos consensuais de solução de conflito no novo CPC. *O Novo Código de Processo Civil*: questões controvertidas. SP: Atlas, 2015.

KRUEGER, Denise Terezinha Correa de Melo. Momento inovação para um judiciário cansado. *Revista de processo*. v. 43. São Paulo: Ed. RT, 2018.

LIMA, Flávio Pereira. O advogado é o pior inimigo da mediação? In: BRAGA NETO, Adolfo; BERTASI, Maria Odete Duque; RANZOLIN, Ricardo Borges (Coord.). *Temas de Mediação e Arbitragem II*. São Paulo: Lex, 2018.

MAISON, Paul Eric. *The Singapore Convention and its Benefits for Brazil*, 2020. Disponível em: https://www.singaporeconvention.org/assets/pdf/conference-reports/1-Report-Panel-1.pdf. Acesso em: 03 mar. 2022.

MOREIRA NETO, Diogo Figueiredo. *Mutações de direito administrativo*. 3. ed. Rio de Janeiro: Renovar, 2007.

TIMM, Luciano. A mediação pela perspectiva da análise econômica do direito. In: NASCIMBENI, Asdrúbal Franco, BERTASI Maria Odete Duque, RANZOLIN Borges Ricardo. *Temas de Mediação e Arbitragem*. São Paulo: Lex Produtos Jurídicos, 2017.

OSTIA, Paulo Henrique Raiol. *Desenho de sistema de conflito*: sistemas indenizatórios em interesse individuais homogêneos. Orientadora: Susana Henriques da Costa, 2014. Dissertação (Mestrado) – Faculdade de Direito da Universidade de São Paulo, São Paulo, 2014. Disponível em: https://teses.usp.br/teses/disponiveis/2/2137/tde-11022015-081205/pt-br.php. Acesso em: 28 set. 2020.

OLIVEIRA FILHO, Paulo Furtado. *Lei de Recuperação e Falência*. Pontos relevantes e controversos da reforma pela Lei 14.112/20. São Paulo: Editora Foco, 2021.

PALMA, Andrea Galhardo. A mediação na recuperação judicial e sua inclusão na lei de falências (com relação determinada pela Lei 14.112, de 25.12.2020). In: SALOMÃO, Luiz Felipe, TARTUCE, Flávio, COSTA, Daniel Cárnio. *Recuperação de empresas e falência*: diálogos entre a doutrina e a jurisprudência. São Paulo: Atlas, 2021.

SACRAMONE, Marcelo Barbosa. *Comentários à lei de recuperação de empresas e falência*. 2. ed. São Paulo: Saraiva Educação, 2021.

SALLES, Carlos Alberto, LORENSINI Marco Antônio Garcia Lopes, SILVA, Pedro Eduardo Álvares. *Negociação, mediação conciliação e arbitragem, curso de métodos adequados de solução de controvérsias*. 4. ed. Rio de Janeiro: Forense, 2021.

SOUZA NETTO, Antônio Evangelista, LONGO, Samantha Mendes. *A recuperação empresarial e os métodos adequados de solução de conflitos*. Paixão, 2020.

TALAMINI, Eduardo. Legitimidade, interesse, possibilidade jurídica e coisa julgada nas ações de impugnação de deliberações societárias. In: YARSHELL, Flávio Luiz; PEREIRA, Guilherme Setoguti J. (Coord.) *Processo societário*. São Paulo: Quartier Latin, 2012.

WATANABE, Kazuo. *Acesso à ordem jurídica justa*. Belo Horizonte: Del Rey, 2019.

II Jornada de Prevenção e Solução Extrajudicial de Litígios da Justiça Federal CJF, enunciados, https://www.cjf.jus.br/cjf/corregedoria-da-justica-federal/centro-de-estudos-judiciarios-1/prevencao-e-solucao-extrajudicial-de-litigios. Acesso em: 08 mar. 2022.

Valor Econômico. Empresas em Recuperação Adiram Mediação para Negociar com Credor. Disponível em: https://valor.globo.com/legislacao/noticia/2022/04/22/empresas-em-recuperacao-adotam-mediacao-para-negociar-com-credor.ghtml. Acesso em: 23 abr. 2022.

Valor Econômico. Crise Econômica Eleva Número de Mediações Entre Empresas. Disponível em: https://valor.globo.com/legislacao/noticia/2021/10/27/crise-economica-eleva-numero-de-mediacoes-entre-empresas.ghtml. Acesso em: 04 abr. 2022.

LIMITES DOS NEGÓCIOS JURÍDICOS PROCESSUAIS EM RECUPERAÇÃO JUDICIAL

Marcelo Baggio

Mestrando em Direito Processual Civil pela PUCRS. Advogado.

Sumário: 1. Introdução – 2. Processo civil e negócios jurídicos processuais – 3. Processo civil e processos estruturais – 4. Recuperação judicial como processo estrutural – 5. Negócios jurídicos processuais em recuperação judicial – considerações gerais – 6. Negócios jurídicos processuais em recuperação judicial – proposta de limite ao seu objeto – 7. Conclusão – 8. Referências.

1. INTRODUÇÃO

Neste momento da evolução do processo civil, seja pela autorização prevista no Código de Processo Civil, seja pela identificação de que sempre que possível a cada tipo processual pode e deve corresponder um determinado procedimento, ganham relevo os negócios jurídicos processuais. Nesse sentido, já é reconhecido se tratar a recuperação judicial de um processo estrutural, estabelecido em favor da viabilização da composição a ser buscada entre devedor e seus credores. Portanto, questão de grande importância passa a ser a identificação dos limites dos negócios jurídicos processuais nos processos de recuperação judicial.

A proposta deste trabalho é demonstrar os limites dos negócios jurídicos processuais em recuperação judicial, estabelecendo que não podem atingir o núcleo dos elementos que fazem da recuperação judicial uma espécie de concurso de credores nem sequer os poderes atribuídos ao juiz, à administração judicial, ao Ministério Público e ao Comitê de Credores e questões relacionadas à organização judiciária em geral.

2. PROCESSO CIVIL E NEGÓCIOS JURÍDICOS PROCESSUAIS

A possibilidade de se firmarem negócios jurídicos processuais está relacionada à liberdade que é conferida aos sujeitos de um processo pelo ordenamento jurídico. Os negócios jurídicos são firmados nos limites do exercício da jurisdição. A jurisdição mesmo nos tempos atuais ainda deve ser encarada como participativa e democrática, de modo que vedações às convenções processuais devem estar restritas ao interesse comum de concretização da justiça material.

Duas fases metodológicas precisam ser brevemente analisadas para compreensão do papel da jurisdição no processo civil, o que permitirá se verificarem os espaços destinados aos negócios jurídicos para estabelecimento da estrutura interna, da organização, da conformação e do funcionamento do próprio processo.[1]

---

1. Brevíssima síntese de: ALVARO DE OLIVEIRA, Carlos Alberto. *Do formalismo no processo civil*: proposta de um formalismo-valorativo. 4. ed. São Paulo: Saraiva, 2010, p. 20-22.

A fase do instrumentalismo foi marcada pela imagem do processo como instrumento de realização do direito material, e nela à jurisdição cabia o papel de declarar a vontade concreta do direito. A jurisdição passou a ocupar o papel central na teoria do processo, e ao direito constitucional restou estabelecer apenas garantias ao cidadão contra o arbítrio estatal. Nessa fase, tinha-se uma perspectiva do processo fundada na jurisdição, ignorando-se o caráter participativo e democrático exigido pelos direitos fundamentais processuais, de modo que a tendência seria de se restringirem os negócios jurídicos processuais aos casos tipificados em lei.

A partir de uma leitura do processo civil na perspectiva dos direitos fundamentais, fase denominada de formalismo-valorativo ou neconstitucionalismo, o processo passou a ser meio de concretização da justiça material, um fenômeno cultural e não mais apenas uma técnica, e o exercício da jurisdição passou a exigir um trabalho cooperativo. O processo foi colocado como elemento central da teoria do processo, e o direito constitucional foi percebido também sob o viés dos direitos fundamentais, para cuja consecução se torna imprescindível o caráter participativo e democrático. Nessa fase, então, tem-se uma visão participativa e cooperativa da jurisdição, de sorte que a predisposição seria de se admitirem os negócios jurídicos processuais em maior amplitude.

Não seria adequado se vincularem as fases metodológicas aos códigos de processo civil vigentes no mesmo período, especialmente porque, por exemplo, a fase do formalismo-valorativo teria se iniciado ainda sob a vigência do Código de Processo Civil de 1973. Mais ainda, ora a doutrina analisa os dispositivos legais, ora a eles impõe ou deles exige alterações, razão pela qual não se pode esperar necessária identidade ou correspondente reflexo entre eles. Portanto, ao se analisarem rapidamente algumas características das recentes codificações se objetiva verificar antes a realidade prática de cada tempo e não eventual influência das fases metodológicas do processo sobre elas.

Sob a égide do Código de Processo Civil de 1973, tinha-se um processo individualista, patrimonialista, dominado pela ideologia da liberdade e da segurança, pensado a partir do dano e apto a prestar uma tutela jurisdicional repressiva.[2] O patrimonialismo estava presente na sacralização da autonomia da vontade das partes, de modo que jurisdição era marcada como atividade meramente substitutiva e independente da vontade.[3] Não houve previsão sobre negócios jurídicos processuais,[4] apesar de se

---

2. MITIDIERO, Daniel. O processualismo e a formação do Código Buzaid. *Revista de Processo*, ano 35, n. 183, p. 165-194, maio 2010.
3. Essas características processuais não eram privilégio brasileiro, e, sob prisma estadunidense, Abram Chayes destacava as características do modelo tradicional de processo civil como bipolar, na medida em que haveria duas partes em posições antagônicas; retrospectivo, porquanto se dispunha a analisar uma questão havida no passado; rígido, pois necessária correlação entre litígio e resposta judicial ao problema; individualista, uma vez que efeitos do processo eram restritos às partes do litígio; dispositivo, pois processo era controlado pelas partes, desde sua iniciativa até delimitação de seu objeto (CHAYES, Abram. The role of the judge in public law litigation. *Harvard Law Review*, v. 89, n. 7, p. 1282-1283, may 1976).
4. Cumpre referir que, desde o artigo de José Carlos Barbosa Moreira, Convenção das partes sobre matéria processual, passou-se a compreender possibilidade de existência de acordos das partes sobre temas processuais ainda na vigência do Código de Processo Civil de 1973 (BARBOSA MOREIRA, José Carlos. *Convenção das partes sobre matéria processual*. Temas de Direito Processual – 3ª Série. São Paulo: Saraiva, 1984).

destacarem alguns exemplos, como no revogado artigo 111,[5] que permitia eleição de foro pelas partes.

O Código de Processo Civil de 2015, por sua vez, adotou um modelo que se afirmou com os princípios constitucionais,[6] fundando-se na liberdade e na participação, num modelo colaborativo de organização do processo, de modo a buscar estabelecer um equilíbrio entre os poderes das partes e do juiz na estrutura processual.[7] Estabeleceu-se um sistema processual no sentido de se estimular a autocomposição,[8] que, valorizando autonomia das partes, trouxe previsão expressa de negócios jurídicos processuais típicos e uma cláusula aberta para que sejam entabulados negócios atípicos.

Portanto, tendo sido verificada uma mudança na postura do juiz e das partes no processo civil, que passou a observar, para além das garantias constitucionais, os direitos fundamentais processuais e que adotou um padrão cooperativo, houve aumento do espaço no qual se admite sejam firmados negócios jurídicos processuais. De qualquer forma, ainda se estaria no âmbito de processos bipolares, marcados pelas figuras de interesses contrapostos de autor e réu. Portanto, outra mudança deve ser analisada, aquela dos processos que envolvem apenas dois centros de interesse, bipolares, para os processos que envolvem inúmeros centros de interesse, tidos por multipolares.

3. PROCESSO CIVIL E PROCESSOS ESTRUTURAIS

Outra mudança pode ser destacada no processo civil, ocorrida a partir dos anos de 1980 e 1990, quando editada Lei da Ação Civil Pública e editado Código de Defesa do Consumidor. Com efeito, a partir dessas leis, foi reconhecida possibilidade de direitos coletivos serem tutelados por processos judiciais e de processos judiciais tutelarem de forma coletiva direitos tidos por individuais.[9]

Inicialmente, essa mudança cultural foi marcada por uma tentativa de adaptação do processo civil tradicional a esses novos tipos de litígios, que envolviam direitos tidos então por coletivos e por individuais homogêneos. Nesse sentido, buscava-se aproximar os litígios sobre direitos pensados em perspectiva coletiva ao processo civil tradicional e ao seu procedimento adequado à análise de direitos individuais de uma relação bipolar e de interesses antagônicos, marcada pelas figuras de autor e réu. A crítica que se estabelecia, então, era de que as disposições do procedimento comum deveriam ser adaptadas

---

5. *CPC de 1973*, artigo 111. A competência em razão da matéria e da hierarquia é inderrogável por convenção das partes; mas estas podem modificar a competência em razao do valor e do território, elegendo foro onde serão propostas as ações oriundas de direitos e obrigações. § 1º O acordo, porém, só produz efeito, quando constar de contrato escrito e aludir expressamente a determinado negócio jurídico. § 2º O foro contratual obriga os herdeiros e sucessores das partes.
6. THEODORO JUNIOR, Humberto. O compromisso do projeto de novo Código de Processo Civil com o processo justo. *Revista Síntese de Direito Civil e Processual Civil*, v. 12, p. 261. São Paulo, 2012.
7. RAATZ, Igor. Colaboração no processo civil e o projeto do novo Código de Processo Civil. *Revista da SJRJ*, Rio de Janeiro, v. 18, n. 31, p. 23-36. 2011.
8. DIDIER JUNIOR, Fredie. Princípio do respeito ao autorregramento da vontade no processo civil. *Revista do Ministério Público do Estado do Rio de Janeiro*, n. 57, p. 167-172. Rio de Janeiro, 2015.
9. PASQUALOTTO, Victoria Franco. O processo civil entre litígios tradicionais e litígios multipolares complexos: a resposta do processo estrutural. In: ARENHART, Sergio Cruz; JOBIM, Marco Felix e OSNA, Gustavo (Org.). *Processos estruturais*. 4. ed. São Paulo: JusPodivm, 2022, p. 1203-1255.

às necessidades de litígios que não envolviam apenas interesses contrapostos de autor e de réu, e não aplicadas simplesmente sem uma análise crítica.

Essa mudança de perspectiva, de buscar adaptar o procedimento para litígios que envolviam vários núcleos de interesse, somente repercutiu no direito processual civil tradicional e em seu procedimento a partir da análise de ações civis públicas em que se buscava intervenção em políticas públicas sobre Meio Ambiente. No âmbito da provavelmente mais importante dessas ações para estabelecimento dos processos estruturais no Brasil,[10] os interesses da comunidade e das empresas causadoras do dano ambiental foram compatibilizados inicialmente por uma decisão judicial que, reconhecendo necessidade de alteração da situação de fato, propiciou estabelecimento entre os interessados de um cronograma de mudanças a serem gradativamente implementadas até atingimento daquilo que seria considerado estado mais adequado da situação.

Com efeito, a partir de uma decisão judicial que reconheceu a necessidade de alteração da situação fática, mudança de condutas e reparação do dano ambiental (recomposição institucional), foi propiciado aos interessados (entes públicos, empresas, comunidade, múltiplos polos de interesse) o estabelecimento de um cronograma de ações (várias medidas aptas ao atingimento do objetivo, característica da complexidade) a serem gradativamente adotadas (prospectividade), naquilo que pode ser considerado primeiro exemplo de processo estrutural brasileiro.

Verificaram-se presentes nesse tipo de processo a multipolaridade, caracterizada pela presença de diversos polos de interesse no processo que demandam soluções na medida de suas especificidades; a complexidade, relacionada à possibilidade de adoção de diversas soluções igualmente válidas para um mesmo problema; a necessidade de recomposição institucional, traduzida pelo objetivo de alteração de determinada situação fática tida por inconstitucional; a prospectividade das medidas a serem adotadas, consubstanciada na sequência de atos judiciais voltados para o futuro a serem adotados em busca do objetivo acordado entre os interessados ou estabelecido judicialmente.[11]

Algumas consequências práticas surgem de processos que lidam com problemas multipolares e complexos, que exigem recomposição institucional através de medidas prospectivas: a necessidade de representação dos interesses em juízo, no lugar da efetiva participação dos sujeitos processuais; a exigência de alterações no procedimento para sua adaptação às necessidades do caso concreto; a tendência desses litígios para o acordo entre aqueles sujeitos envolvidos na situação fática.

Na medida em que se trata de uma situação multipolar e complexa, pode-se estar diante de um processo em que seja pragmaticamente impossível se exigir que todos os interessados tenham participação efetiva no contraditório. Nesses casos, dado o incontável número de interessados, a maior garantia que lhes pode ser dispensada é certificar que

---

10. ARENHART, Sergio Cruz. Processos estruturais no direito brasileiro: reflexões a partir do caso da ACP do Carvão. In: ARENHART, Sergio Cruz; JOBIM, Marco Felix e OSNA, Gustavo (Org.). *Processos estruturais*. 4 ed. São Paulo: Juspodivm, 2022, p. 1103-1122.
11. ARENHART, Sergio Cruz; Osna, Gustavo. Jobim, Marco Felix. *Curso de processo estrutural*. São Paulo: Thomson Reuters, 2021, p. 59-95.

seus interesses sejam adequadamente representados no processo mediante intervenção de todos aqueles que podem ser chamados a se manifestar em juízo.[12]

A adoção de medidas prospectivas na busca do objetivo acordado entre os interessados ou estabelecido judicialmente se justifica em razão da constante alteração da situação fática. Como a realidade vai se alterando e a resolução do problema se projeta no tempo, uma série de medidas judiciais deve ser adotada para se alcançar objetivo a que se visa. Desse modo, não se pode imaginar que um procedimento rígido e predefinido em lei seja suficiente ou adequado para processamento de um litígio estrutural. Nesse sentido, uma constante flexibilização do procedimento, estabelecida mediante contraditório com os representantes dos interesses em juízo, passa a se tornar indispensável à adequada marcha processual.[13] Como se pode antever, essa constante flexibilização do procedimento em contraditório com os interesses representados no processo parece se aproximar da figura dos negócios jurídicos processuais e representa um campo muito adequado para que sejam adotados em larga amplitude.

Apesar de todas as válidas críticas que podem ser feitas a isso,[14] é inegável a tendência dos processos estruturais para uma solução negociada. Isso porque são os interessados envolvidos no litígio que conhecem suas dificuldades e seus potenciais, e a solução negocial tende a ser mais flexível do que aquela tomada judicialmente, permitindo maior adaptabilidade quanto ao estabelecimento das condições, das formas e dos objetivos de abordar o caso estrutural.[15] Com efeito, se são os interesses representados no processo que ajustam qual seria solução adequada para a situação de desconformidade, as propostas de resolução da questão tendem a ser mais factíveis e mais próximas às efetivas possibilidades verificadas em cada situação. Ademais, havendo compromisso dos interesses representados no processo com determinada providência, a tendência é de que haja menos resistência na busca da solução resultado do consenso.

Como se verifica, além de mudanças nas fases metodológicas do processo e nas normas processuais, é possível se verificar alteração na conformação dos litígios submetidos ao Judiciário, que passaram a tratar de questões multipolares e complexas, que exigem recomposição institucional e medidas prospectivas.[16]

---

12. ARENHART, Sergio Cruz. Processo multipolar, participação e representação de interesses concorrentes. In: ARENHART, Sergio Cruz; JOBIM, Marco Felix e OSNA, Gustavo (Org.). *Processos estruturais*. 4 ed. São Paulo: Juspodivm, 2022, p. 1123-1145.
13. DIDIER JR., Fredie; ZANETI JR., Hermes; OLIVEIRA, Rafael Alexandria de. Elementos para uma teoria do processo estrutural aplicada ao direito brasileiro. In: ARENHART, Sergio Cruz; JOBIM, Marco Felix e OSNA, Gustavo (Org.). *Processos estruturais*. 4 ed. São Paulo: JusPodivm, 2022, p. 459-492.
14. Nesse sentido: FISS, Owen. Against settlement. *The Yale Law Journal*, v. 93, n. 6, p. 1073-1090, May 1984.
15. ARENHART, Sergio Cruz; Osna, Gustavo. Jobim, Marco Felix. *Curso de processo estrutural*. São Paulo: Thomson Reuters, 2021, p. 189-192.
16. Advirta-se que nem sempre todas essas características estão presentes em um litígio estrutural, para aprofundamento no tema, verifique-se: ARENHART, Sergio Cruz; Osna, Gustavo. Jobim, Marco Felix. *Curso de processo estrutural*. São Paulo: Thomson Reuters, 2021, p. 60.

4. RECUPERAÇÃO JUDICIAL COMO PROCESSO ESTRUTURAL

Ocorre que situações multipolares e complexas a exigirem recomposição institucional através de medidas prospectivas podem ser encontradas em várias formas de litígio, nas mais variadas situações fáticas, sendo características também dos processos de insolvência e de recuperação judicial.

Efetivamente, a recuperação judicial consubstancia um processo estrutural uma vez que, para a empresa, convergem uma variada gama de interesses, dizendo respeito aos trabalhadores, aos credores, ao Estado, aos sócios ou acionistas, aos consumidores, à coletividade,[17] elementos que determinam a representação da multipolaridade; para o processo, convergem vários centros de interesse, do devedor (específico), dos credores[18] (multifacetado e diverso), da sociedade, do fisco, que determinam caracterização da complexidade; para o plano de recuperação judicial, em várias oportunidades, mas não em todos os casos, convergem meios de recomposição institucional, quando não se tratar de mera reestruturação do passivo da empresa,[19] e medidas prospectivas, na medida em que devem se projetar no tempo.[20]

Percebe-se na recuperação judicial a representação de interesses no processo, sendo deixada de lado sua efetiva participação, na medida em que, por exemplo, os credores não são citados para participar do processo e não são obrigados a participar da assembleia geral de credores,[21] merecendo destaque inclusive entendimento jurisprudencial no sentido de que não seriam sequer partes da ação.[22] Não há dúvidas de que todos os credores de créditos sujeitos aos efeitos da recuperação judicial são atingidos pela novação decorrente da aprovação do plano em assembleia geral de credores e da concessão da recuperação judicial, mesmo aqueles que não tenham se habilitado no processo.[23] E o interesse dos credores que não se habilitaram na recuperação judicial termina por ser representado pelos demais integrantes da classe da qual poderiam ter feito parte nas deliberações adotadas em assembleia geral de credores e mesmo ao longo do curso do processo.

---

17. BULGARELLI, Waldirio. *Tratado de direito empresarial*. 2 ed. São Paulo: Atlas, 1995, p. 165.
18. MELO, Cinira Gomes Lima. *Plano de recuperação judicial*. 2 ed. São Paulo: Almedina, 2021, p. 152.
19. Nem todas as medidas previstas no artigo 50 da Lei 11.101/2005 podem ser consideradas de recomposição institucional. Talvez pudessem ser caracterizadas como de recomposição institucional aquelas medidas que importassem alterações societárias, administrativas, operacionais que repercutissem contra uma situação de crise empresarial. Mera reestruturação do passivo não significa obrigatoriamente necessidade de recomposição institucional, podendo se tratar de simples desajuste entre ingresso e saída de recursos decorrente de fenômeno econômico ou financeiro, mas não operacional.
20. Neste caso, mesmo a mera reestruturação de passivo se projeta no tempo, assim como alterações na estrutura societária, administrativa, operacional e eventuais operações de desinvestimento são projetadas no tempo.
21. Sistematicamente, o interesse dos credores representa o poder atribuído pela lei para que eles deliberem sobre a condução da recuperação. A lei de recuperação judicial institui um fórum coletivo entre credores para servir de incentivo à deliberação conjunta e à atenuação da assimetria de informações, em lugar de negociações financeiras individualizadas. A aprovação e o cumprimento do plano de recuperação representariam atender ao interesse dos credores, haja vista que cabe a eles deliberar sobre a melhor solução possível no caso concreto (BASTOS, Antonio Adonias; TOMAZETTE, Marlon; GOMES, Tadeu Alves Sena. A recuperação judicial como processo estrutural. *Revista de Processo*, v. 330/2022, p. 263-292, ago. 2022).
22. REsp 1.324.399/SP, Relator Ministro Paulo de Tarso Sanseverino, Terceira Turma do STJ, DJe de 10.03.2015.
23. EDcl no REsp 1.851.692/RS, Relator Ministro Luis Felipe Salomão, Quarta Turma do STJ, DJe de 09.09.2022.

No que tange ao procedimento, a recuperação judicial abandonou a excessiva processualização, privilegiando a autonomia privada das partes, evitando comandos imperativos e fechados e relativizando a ingerência do juiz.[24] Realmente, se a técnica processual deve estar a serviço da tutela dos direitos e somente adquire importância quando se alinha às necessidades do direito material, o processo de recuperação judicial é ilustrativo da preocupação com as situações materiais cuja complexidade excede à moldura do processo civil tradicional.[25] Nesse sentido, a Lei 11.101/2005 privilegiou regras e institutos de direito material, outorgando ao sistema um caráter mais dinâmico, flexível e maleável às incontroláveis mudanças econômicas, sendo caracterizado pelo abandono da excessiva processualização e pela valorização da liberdade contratual do devedor e dos credores.[26]

Realmente, no caso das recuperações judiciais, a lei terminou por dar adequada valorização à vontade do devedor e dos credores.[27] Na verdade, praticamente todas as relações havidas pelas empresas são compreendidas no universo daqueles meios alternativos de solução dos conflitos, porque, em regra, dizem respeito a direitos patrimoniais disponíveis.[28] Com efeito, a Lei 11.101/2005, seguindo as modernas legislações falimentares dos diversos países, parece inspirada no assim chamado "princípio da autonomia dos credores", segundo o qual os credores, como principais envolvidos na insolvência da empresa devedora, devem decidir sobre as mais relevantes questões ocorrentes no processo de recuperação ou de falência.[29]

Quanto às mais relevantes questões ocorrentes no processo de recuperação judicial, passíveis de deliberação pelo devedor e por seus credores, dizem respeito a todos os meios de recuperação judicial e a quase todas as questões processuais. Se, por um lado, multipolaridade e complexidade decorrem da situação fática e podem exigir recomposição institucional através de medidas prospectivas, por outro, todos os meios de recuperação judicial e quase todas as questões processuais são passíveis de negociação entre devedor e seus credores. Com efeito, o espírito da Lei 11.101/2005 é deixar a maior parte das decisões sobre as questões materiais e mesmo processuais à deliberação das partes, sob controle judicial em caso de se verificar ilegalidade.

Em relação às questões relacionadas ao direito material, os meios de recuperação judicial, embora não exaustivamente previstos no artigo 50 da Lei 11.101/2005, dizem respeito ao plano de recuperação judicial a ser deliberado em assembleia geral de credores, conforme alínea "a" do inciso I do artigo 35 da referida Lei, caso não haja sua

---

24. SCALZILLI, João Pedro; SPINELLI, Luis Felipe; TELLECHEA, Rodrigo. *Recuperação de empresas e falência* – teoria e prática na Lei 11.101/2005. 3. ed. São Paulo: Almedina, 2018, p. 118.
25. ARENHART, Sergio Cruz; OSNA, Gustavo. JOBIM, Marco Felix. *Curso de processo estrutural.* São Paulo: Thomson Reuters, 2021, p. 14 e 37.
26. SCALZILLI, João Pedro; SPINELLI, Luis Felipe; TELLECHEA, Rodrigo. *Recuperação de empresas e falência* – teoria e prática na Lei 11.101/2005. 3. ed. São Paulo: Almedina, 2018, p. 118.
27. SCALZILLI, João Pedro; SPINELLI, Luis Felipe; TELLECHEA, Rodrigo. *Recuperação de empresas e falência* – teoria e prática na Lei 11.101/2005. 3. ed. São Paulo: Almedina, 2018, p. 118.
28. SILVA, Jose Anchieta. Comentário aos artigos 21 a 25. In: TOLEDO, Paulo Fernando Campos Salles de (Coord.). *Comentários à Lei de Recuperação de Empresas.* São Paulo: Thomson Reuters Brasil, 2021, p. 173.
29. FRANÇA, Erasmo Valladão A. e N.; ADAMEK, Marcelo Vieira von. Comentários aos artigos 35 a 39. In: TOLEDO, Paulo Fernando Campos Salles de (Coord.). *Comentários à Lei de Recuperação de Empresas.* São Paulo: Thomson Reuters Brasil, 2021, p. 216.

aprovação tácita, na forma do *caput* do artigo 58 do mesmo Diploma, hipótese na qual também há juízo sobre conveniência da proposta apresentada pelo devedor.[30] Evidentemente, trata-se de deliberações relacionadas em grande medida ao direito material, mas que possuem enorme influência sobre o direito processual, pois, no mínimo, definem futuro do processo de recuperação judicial e podem definir futuro de eventuais ações a ele relacionadas.

Quanto às questões processuais, na forma do § 2º do artigo 189 da Lei 11.101/2005, em uma aplicação subsidiária das normas do Código de Processo Civil naquilo em que houver compatibilidade com os princípios da recuperação judicial, tornaram-se passíveis de negócios jurídicos. Dessa forma, não apenas os meios de recuperação judicial devem ser ajustados entre devedor e seus credores, mas a própria forma de tramitação do processo e de seus desdobramentos pode ser ajustada da maneira mais conveniente à situação fática em que os interesses estão envolvidos. É claro que se trata de deliberações relacionadas em grande medida ao direito processual, mas que possuem enorme influência no e sobre o direito material, pois influenciam, pelo menos indiretamente, na satisfação dos credores e na preservação da atividade empresarial.

Conforme se percebe, é verificada a coexistência de normas de direito material e de direito processual na Lei 11.101/2005, sendo reconhecida uma feição híbrida como traço peculiar e marcante desse microssistema, de modo que haveria uma impossibilidade prática de separação entre parte material e parte processual ou seria inconveniente buscar essa separação sem se mensurarem seus efeitos ou sem se identificar um critério científico e preciso para essa separação.[31] A partir da constatação dessa feição híbrida nas normas da recuperação judicial, torna-se indispensável prestar atenção nas relações estabelecidas entre os institutos de direito processual e as situações materiais carentes de tutela, numa leitura do direito processual na perspectiva dos direitos e das garantias constitucionais, tais como garantia de acesso à Justiça, devido processo legal, contraditório, ampla defesa e duração razoável do processo.[32]

Com efeito, o princípio da adequação, sempre invocado para justificar criação de procedimentos especiais pelo legislador, passou também a ser invocado para justificar adaptação do procedimento pelo juiz ao caso concreto. Não somente para casos específicos, como aquele da recuperação judicial, mas também para qualquer caso, passou-se a admitir a adaptação do procedimento, em razão da construção de regras a partir do devido processo legal.[33] E essa adaptação do procedimento ao caso concreto pode ser de iniciativa das partes, ao requererem ao juiz alterações no rito processual; ou de iniciativa do juiz, ao adequar de ofício rito em busca de efetividade ou segurança ao processo. Mais ainda, nos termos do *caput* do artigo 190 do CPC, às partes pode caber iniciativa de en-

---

30. Efetivamente, a ausência de objeções ao plano de recuperação judicial importa sua aprovação tácita e pressupõe concordância dos credores com os seus termos.
31. SCALZILLI, João Pedro; SPINELLI, Luis Felipe; TELLECHEA, Rodrigo. *Recuperação de empresas e falência* – teoria e prática na Lei 11.101/2005. 3 ed. São Paulo: Almedina, 2018, p. 198-200.
32. ARENHART, Sergio Cruz; OSNA, Gustavo. JOBIM, Marco Felix. *Curso de processo estrutural*. São Paulo: Thomson Reuters, 2021, p. 13.
33. CUNHA, Leonardo Carneiro da. Negócios jurídicos processuais no processo civil brasileiro. In: CABRAL, Antonio do Passo e NOGUEIRA, Pedro Henrique (Coord.). *Negócios processuais*. Salvador: JusPodivm, 2019, t. 1. p. 61.

tabular negócios jurídicos sobre procedimento, espécie de flexibilização procedimental voluntária,[34] em busca da tutela mais adequada aos direitos.

A partir dessas considerações, busca-se apresentar os negócios jurídicos processuais no âmbito dos processos de recuperação judicial e depois busca-se sugerir uma proposta de limite ao objeto dessas convenções.

5. NEGÓCIOS JURÍDICOS PROCESSUAIS EM RECUPERAÇÃO JUDICIAL – CONSIDERAÇÕES GERAIS

De acordo com o *caput* e com o § 2º do artigo 189 da Lei 11.101/2005, ao procedimento da recuperação judicial, e naquilo em que forem compatíveis com os seus princípios,[35] aplicam-se as normas do Código de Processo Civil e, para fins de negócios jurídicos processuais, a manifestação de vontade do devedor deverá ser expressa e aquela dos credores deverá ser obtida por maioria em deliberação tomada por mais da metade do valor total dos créditos presentes à assembleia geral de credores.

Dessa forma, numa adaptação das disposições do artigo 190 do Código de Processo Civil ao processo de recuperação judicial, seria possível afirmar que ao devedor e aos credores é lícito estabelecerem mudanças no procedimento para o ajustar às especificidades da causa e convencionarem sobre ônus, poderes, faculdades e deveres processuais, cabendo ao juiz controlar a validade dessas convenções e sendo a ele possível recusar sua aplicação em caso de nulidade ou de situação de vulnerabilidade.

Conforme se verifica, o próprio legislador procurou fazer para a recuperação judicial um procedimento maleável e adaptável às especificidades do caso concreto, informando que a ele seriam aplicáveis as disposições do Código de Processo Civil naquilo em que forem compatíveis, dentre outros, com os princípios da preservação da empresa, do tratamento igualitário entre os credores, do interesse na participação ativa dos credores e da celeridade, da eficiência e da economia processual.

Essa adaptação do procedimento pode ser causada por iniciativa do devedor, dos credores, da administração judicial, do Comitê de Credores, do Ministério Público, ou dos interessados, tais como a fazenda pública, ao elaborarem pedidos de mudanças no procedimento padrão ao juiz.[36] A adaptação também pode ser realizada por decisão judicial, na hipótese de o juiz entender por alterar determinado procedimento para, por exemplo, tornar o processo mais célere ou mais eficiente. E essa adaptação do procedimento pode ser objeto de negócios jurídicos processuais.

---

34. GAJARDONI, Fernando da Fonseca. *Flexibilização procedimental*. São Paulo: Atlas, 2008, p. 215.
35. O Parecer 534/2004, da Comissão de Assuntos Econômicos do Senado Federal sobre o Projeto de Lei da Câmara 71/2003, que regulou a recuperação judicial, a recuperação extrajudicial e a falência, de relatoria do Senador Ramez Tebet, apresentava como princípios da futura Lei 11.101/2005 a preservação da empresa; a separação do destino da empresa daquele do empresário; a retirada da empresa inviável do mercado; o tratamento igualitário entre os credores; o interesse na participação ativa dos credores; a redução do custo do crédito; a proteção do trabalhador; a preservação e a maximização dos ativos do falido; a celeridade, a eficiência e a economia processual; o favorecimento da empresa de pequeno porte; o rigor na punição dos crimes falimentares; a segurança jurídica.
36. Efetivamente, seria lícito a qualquer dos interessados, por exemplo, sugerir ao juízo simplificação no procedimento de habilitação de créditos ou estabelecimento de uma cooperação entre juízos para cumprimento de decisões do juízo da recuperação judicial sobre constrição de bens do ativo imobilizado do devedor.

Realmente, os negócios jurídicos processuais consistem na possibilidade conferida às partes de pactuarem a respeito de regras, de parâmetros ou de posições inerentes ao processo e ao seu procedimento. Trata-se de permitir aos litigantes, por meio de um ato de vontade, alterar o desenho tradicional do procedimento, numa demonstração de maior prestígio à ideia de autonomia de sua vontade.[37]

Quanto à iniciativa dos negócios jurídicos processuais no ambiente de recuperação judicial, a lei não limitou legitimidade para sua proposição, de modo que uma sugestão de acordo pode advir de qualquer parte interessada.[38] Talvez a amplitude da expressão *parte interessada* possa ser a maior possível, de modo que a iniciativa de se sugerir seja entabulado um negócio jurídico processual possa ser até mesmo do juízo, da administração judicial, do Ministério Público, do Comitê de Credores, do devedor, dos credores. Perceba-se que a iniciativa de sugerir que devedor e que credores façam uma composição sobre determinada situação processual pode partir de qualquer sujeito processual que identifique essa oportunidade.

No entanto, uma coisa bastante diferente se passa em relação às partes do negócio jurídico processual. Isso porque, como bem expresso no § 2º do artigo 189 da Lei 11.101/2005, as partes do negócio jurídico processual são apenas devedor e seus credores, pois representam os protagonistas da relação material controvertida.[39] Com efeito, a capacidade negocial é poder jurídico conferido aos indivíduos para, em conformidade com as normas jurídicas gerais e com base em sua autonomia e liberdade, produzirem normas individuais.[40] Como se percebe, a capacidade negocial diz respeito à relação entre os sujeitos do processo, devedor e credores, e a situação fática em questão, de crise econômico-financeira empresarial. Dessa forma, por se tratar de sujeitos que interferem no processo, mas não se sujeitam aos efeitos da situação fática (crise empresarial), juízo, Ministério Público, administração judicial e Comitê de Credores não são partes de negócios jurídicos processuais. Não se desconhecem vozes favoráveis ao entendimento de que seria possível ao juiz firmar negócios jurídicos processuais.[41] No entanto, cumpre lembrar que exemplo de negócio jurídico processual a ser firmado pelas partes e pelo juiz seria em execução negociada de sentença que determinasse a implantação de política pública, hipótese na qual, em uma imensa simplificação, haveria aproximação da figura do juiz com aquela da parte interessada da defesa do interesse público.

---

37. OSNA, Gustavo. Contratualizando o processo: três notas sobre os negócios jurídicos processuais (e seu possível fracasso). Rio de Janeiro: *Revista Eletrônica de Direito Processual – REDP*, v. 21, ano 14, n. 2, p. 167-168. maio/ago. 2020.
38. MARIANO, Álvaro A.C. Comentários aos artigos 189 a 201. In: TOLEDO, Paulo Fernando Campos Salles de (Coord.). *Comentários à Lei de Recuperação de Empresas*. São Paulo: Thomson Reuters Brasil, 2021, p. 1068.
39. YARSHELL, Flavio Luiz. Convenção das partes em matéria processual. In: CABRAL, Antonio do Passo e NOGUEIRA, Pedro Henrique (Coord.). *Negócios processuais*. Salvador: Juspodivm, 2019, t. 1, p. 83.
40. CABRAL, Antonio do Passo. O papel do juiz diante das convenções processuais. In: CABRAL, Antonio do Passo e NOGUEIRA, Pedro Henrique (Coord.). *Negócios processuais*. Salvador: JusPodivm, 2020, t. 2, p. 139-141.
41. FLUMINGAN, Silvano Jose Gomes. A recuperação judicial e os negócios jurídicos processuais. *Revista de Direito Recuperacional e Empresa*, v. 9, jul./set. 2018; COSTA, FONSECA, Eduardo José da. A execução negociada de políticas públicas em juízo. *Revista de Processo*. São Paulo: Ed. RT, 2012, n. 212; DIDIER JR., Fredie. Negócios jurídicos processuais atípicos no CPC-2015. In: CABRAL, Antonio do Passo e NOGUEIRA, Pedro Henrique (Coord.). *Negócios processuais*. Salvador: JusPodivm, 2020, t. 1, p. 122.

Por outro lado, é importante ressalvar que eventual observância por parte do juízo, do Ministério Público, da administração judicial e do Comitê de Credores daquilo que foi estabelecido pelo devedor e pelos seus credores em negócio jurídico processual deve ser interpretada como válida aplicação de uma norma individual.[42] Na medida em que do negócio jurídico processual firmado entre devedor e credores surgiria uma espécie de norma individual, a observância dessa disposição por parte do juiz ou da administração judicial não poderia surpreender mais do que a observância por eles de uma determinada norma originária da legislação. O fato de o juízo, o Ministério Público, a administração judicial ou o Comitê de Credores observarem aquilo que foi pactuado entre devedor e seus credores não os torna partes do negócio jurídico processual, mas apenas significa reconhecimento da validade do acordo.

Caso se trate de recuperação judicial processada em consolidação processual,[43] os devedores deverão manifestar uma única vontade num eventual negócio jurídico processual. Efetivamente, não seria lógico que duas ou mais empresas resolvessem ingressar em recuperação judicial em consolidação processual, ou seja, para que houvesse apenas um processo para todas elas, e, no curso dessa ação, optassem por divergir sobre condução do procedimento. Lembre-se de que as empresas não teriam sido obrigadas, mas teriam optado por ingressar em recuperação judicial em consolidação processual, de modo que não podem se furtar da aplicação das normas dos artigos 69-G a 69-I da Lei 11.101/2005.

No que tange à manifestação de vontade dos credores, ela deve ser tomada em regra através de uma assembleia geral, como bem demonstra a referência aos termos do artigo 42 pelo § 2º do artigo 189 da Lei 11.101/2005. Realmente, a assembleia geral é forma de deliberação dos credores e sua forma primordial de manifestação. Eventuais propostas de acordo levadas ao processo por meio de simples petições deverão determinar convocação de uma assembleia para que sobre elas seja deliberado, na medida em que não é comum que os credores sejam intimados de todos os atos processuais, de modo que somente tomariam conhecimento da proposta de acordo se delas forem intimados. Também não seria razoável que todos os credores passassem a peticionar no processo concordando com determinada proposta de acordo, ou manifestando sua insurgência, ou fazendo novas sugestões, uma vez que fórum adequado para esse procedimento é a assembleia geral de credores. Por outro lado, essa deliberação em assembleia pode ser substituída por termo de adesão a ser firmado por tantos credores quantos satisfaçam o quórum de aprovação específico, conforme artigos 39, § 4º, e 45-A, da Lei 11.101/2005.

Em relação ao quórum de deliberação sobre negócios jurídicos, lembre-se de que nem sempre se está diante de convenções puramente processuais. É muito comum que uma deliberação em assembleia geral de credores possa envolver temas de direito material e processual, ou mesmo matérias cujo quórum de deliberação seja específico. Dessa forma, tratando-se de negócio jurídico puramente processual, a manifestação de

---

42. DOMINGOS, Carlos Eduardo Quadros. *Negócio jurídico processual na recuperação judicial de empresas*. São Paulo: Quartier Latin, 2019, p. 60 e 64-65; BASTOS, Antonio Adonias; TOMAZETTE, Marlon; GOMES, Tadeu Alves Sena. A recuperação judicial como processo estrutural. *Revista de Processo*, v. 330, p. 263-292, ago. 2022; YARSHELL, Flavio Luiz. Convenção das partes em matéria processual. In: CABRAL, Antonio do Passo e NOGUEIRA, Pedro Henrique (Coord.). *Negócios processuais*. Salvador: JusPodivm, 2019, t. 1, p. 79-99.
43. As mesmas condições valem logicamente para o caso de consolidação substancial.

vontade dos credores deverá ser obtida por maioria em deliberação tomada por mais da metade do valor total dos créditos presentes à assembleia geral de credores, conforme artigo 42 da Lei 11.101/2005.[44]

Presente a ideia de que os negócios jurídicos firmados no âmbito de uma recuperação judicial podem apresentar natureza híbrida, abrangendo direito material e processual, havendo em seu objeto matérias relacionadas às formas de recuperação judicial, o quórum de deliberação passa a ser aquele do artigo 45 da Lei 11.101/2005; havendo deliberação sobre formação do comitê de credores, devem ser observadas disposições do artigo 44 do referido Diploma para esse ponto específico; havendo proposta de forma alternativa de realização de ativo na falência, o quórum exigido será aquele do artigo 46 da referida Lei. Com efeito, qualquer deliberação sobre forma de recuperação judicial, sobre instituição de Comitê de Credores e sobre formas alternativas de realização do ativo em falência pode vir acompanhada, por exemplo, por uma calendarização processual, de modo que, caso haja deliberação em conjunto sobre os temas, deve ser observado quórum estabelecido para cada uma das hipóteses. Havendo incompatibilidade de quóruns, como pode ocorrer no caso de deliberação para constituição do Comitê de Credores (na forma do artigo 44) e para um determinado negócio jurídico processual (na forma do artigo 42), as deliberações devem ser tomadas em votações apartadas, de modo que não se incorram em vícios.

Cumpre referir que, mesmo em relação aos negócios jurídicos processuais em procedimentos previstos no Código de Processo Civil, a doutrina lhes reconhece uma natureza híbrida, pois neles verifica presente uma situação na qual estão entrelaçadas relações de direito material e de direito processual.[45] Essa situação híbrida fica ainda mais evidente no ambiente de recuperação judicial, seja pela natureza das relações que se concentram em seu procedimento,[46] seja pelo permissivo constante da expressão *dentre outros* prevista no *caput* do artigo 50 da Lei 11.101/2005, que deixaria clara possibilidade de estabelecimento de negócios jurídicos híbridos, através da pactuação de meios de recuperação judicial e previsões relacionadas ao procedimento.[47] Tratando-se de uma situação híbrida, nem todas as regras de direito material da teoria dos negócios

---

44. Trata-se de exemplo da mudança percebida no Processo Civil, a se possibilitar em processos estruturais multipolares a adoção da representação dos credores em juízo e não mais necessariamente sua efetiva participação. Veja-se que a convenção processual seria fruto da vontade de mais da metade do valor total dos créditos presentes à assembleia de credores, não sendo necessária sequer presença de todos os credores à solenidade. Uma vez que as próprias relações de direito material são transacionadas em recuperação judicial mediante deliberação majoritária, não seriam relações procedimentais que exigiriam unanimidade, especialmente porque negócios jurídicos processuais são passíveis de controle judicial.
45. Por todos, veja-se: YARSHELL, Flavio Luiz. Convenção das partes em matéria processual. In: CABRAL, Antonio do Passo e NOGUEIRA, Pedro Henrique (Coord.). *Negócios processuais*. Salvador: JusPodivm, 2019, t. 1, p. 79-99.
46. Existem divergências relativas à natureza jurídica das normas sobre insolvência e, então, sobre recuperação judicial, havendo uma tendência a se considerarem suas normas como sendo de caráter mais processual do que de direito material, de modo que eventuais negócios jurídicos processuais possuiriam um caráter híbrido (SCALZILLI, João Pedro; SPINELLI, Luis Felipe; TELLECHEA, Rodrigo. *Recuperação de empresas e falência* – teoria e prática na Lei 11.101/2005. 3. ed. São Paulo: Almedina, 2018, p. 197).
47. Seria viável, nesse sentido, pactuação de meios de recuperação judicial e previsões de suspensão de ações, de calendarização processual, estabelecimento de etapas do procedimento após aprovação do plano (FLUMINGAN, Silvano Jose Gomes. A recuperação judicial e os negócios jurídicos processuais. *Revista de Direito Recuperacional e Empresa*, v. 9/2018, jul./set. 2018).

jurídicos poderão ser sempre e sem restrições transpostas ao direito processual. Com efeito, na medida em que o ambiente é processual, os requisitos de ordem processual devem prevalecer em detrimento daqueles da teoria geral dos negócios jurídicos.[48] Dessa forma, aplicam-se aos negócios jurídicos processuais e, em recuperação judicial, quando compatíveis com os seus princípios, as disposições sobre invalidação de atos processuais em geral, merecendo referência as premissas de que a invalidade de um ato não prejudica outros que eventualmente sejam independentes; de que não se reconhece invalidade quando se puder decidir o mérito a favor de quem aproveita decretação daquela; de que se aproveitam os atos, ainda que desconformes ao modelo legal, desde que não haja prejuízo à defesa de qualquer das partes.[49]

Feitas essas considerações sobre iniciativa e partes do negócio jurídico processual, sobre manifestação de vontade de devedor e dos credores, sobre quórum de deliberação, bem como apresentada uma breve exposição sobre regime de nulidades a eles aplicável, busca-se sugerir uma proposta de limite ao objeto dessas convenções.

6. NEGÓCIOS JURÍDICOS PROCESSUAIS EM RECUPERAÇÃO JUDICIAL – PROPOSTA DE LIMITE AO SEU OBJETO

Quanto ao objeto do negócio jurídico processual atípico[50] seria, para além do procedimento, todas as posições jurídicas processuais, ônus, faculdades, deveres, poderes e mesmo simples atos processuais, na redefinição de sua forma ou da ordem de seu desencadeamento.[51]

No âmbito de uma recuperação judicial, para fins de análise do objeto dos negócios jurídicos processuais, devem ser destacadas, das disposições do artigo 190 do Código de Processo Civil,[52] as ideias de que processo deve versar sobre direitos que admitam autocomposição e de que juiz controlará validade da convenção e poderá a ela recusar aplicação em casos de nulidade ou de manifesta situação de vulnerabilidade.

Conforme se verificou, as relações jurídicas havidas pelas empresas são compreendidas entre aquelas que em regra dizem respeito a direitos patrimoniais disponíveis, de

---

48. Sobre aplicação da teoria geral dos negócios jurídicos aos negócios jurídicos processuais, veja-se: CABRAL, Antonio do Passo. *Convenções processuais*. Salvador: JusPodivm, 2016, p. 249 e ss. Uma interessante aplicação da teoria geral dos negócios jurídicos ao plano de recuperação judicial pode ser conferida em: MELO, Cinira Gomes Lima. *Plano de recuperação judicial*. 2. ed. São Paulo: Almedina, 2021.
49. YARSHELL, Flavio Luiz. *Convenção das partes em matéria processual*. In: CABRAL, Antonio do Passo e NOGUEIRA, Pedro Henrique (Coord.). *Negócios processuais*. Salvador: JusPodivm, 2019, t. 1, p. 96.
50. Em relação aos negócios jurídicos processuais típicos, seu objeto é determinado pela lei, merecendo destaque eleição de foro (artigo 63 do CPC), calendarização processual (artigo 191 do CPC), redução dos prazos (artigo 222, § 1º, do CPC), suspensão do processo (artigo 313, II, do CPC), adiamento de audiência (artigo 362, I, do CPC), ônus da prova (artigo 373, §§ 2º e 4º, do CPC), desistência de recurso (artigo 999 do CPC).
51. DIDIER JR., Fredie. Negócios jurídicos processuais atípicos no CPC de 2015. In: CABRAL, Antonio do Passo e NOGUEIRA, Pedro Henrique (Coord.). *Negócios processuais*. Salvador: JusPodivm, 2019, t. 1, p. 119-120.
52. Artigo 190. Versando o processo sobre direitos que admitam autocomposição, é lícito às partes plenamente capazes estipular mudanças no procedimento para ajustá-lo às especificidades da causa e convencionar sobre os seus ônus, poderes, faculdades e deveres processuais, antes ou durante o processo. Parágrafo único. De ofício ou a requerimento, o juiz controlará a validade das convenções previstas neste artigo, recusando-lhes aplicação somente nos casos de nulidade ou de inserção abusiva em contrato de adesão ou em que alguma parte se encontre em manifesta situação de vulnerabilidade.

modo que seria lícito se concluir pela mais ampla possibilidade de se convencionarem negócios jurídicos processuais em recuperação judicial. No entanto, para compreensão dos limites do objeto dos negócios jurídicos processuais não é suficiente se vincularem direitos passíveis de autocomposição a direitos patrimoniais disponíveis. Isso porque a eventual disponibilidade do direito material objeto do processo não implica disponibilidade da regra processual que se pretenda colocar como objeto da convenção e, por outro lado, a eventual indisponibilidade do direito material litigioso não implica indisponibilidade de toda regra processual relacionada ao respectivo processo.[53] Com efeito, é plenamente possível se estar diante de um direito material disponível, como aqueles de natureza patrimonial envolvidos em uma recuperação judicial, mas haver óbice para se entabular um negócio jurídico processual cujo objeto seja regra processual que não está à disposição das partes, tal como criação de um novo tipo de recurso. Reflexamente, também seria possível se estar diante de um direito material indisponível, como aqueles relativos a um incapaz, mas haver possibilidade de se firmar uma convenção cujo objeto seja regra processual disponível, tal como mera calendarização processual.

Portanto, mesmo no ambiente de uma recuperação judicial, não são todos dos direitos processuais passíveis de convenções pelas partes, na medida em que a disponibilidade do direito material não implica a disponibilidade de todas as regras processuais. A dificuldade, então, passa a ser identificar quais seriam os direitos processuais indisponíveis e quais seriam os passíveis de convenção no ambiente de recuperação judicial. Em outras palavras, a tarefa é identificar a licitude (validade) do objeto das convenções processuais em recuperação judicial.[54]

Efetivamente, ao se analisarem os limites gerais para controle do objeto dos acordos processuais no processo civil tradicional, é estabelecido como um dos primeiros óbices às convenções aquelas hipóteses em que o ordenamento estabelece reserva de lei para a norma processual, situações nas quais, como regra, não haveria espaços para que vontade das partes derrogasse norma cogente.[55] Dessa forma, em princípio, seriam ilícitas e inválidas, passíveis de não serem aplicadas pelo juiz, as convenções processuais cujo objeto buscasse derrogar norma legal. Realmente, quando se trata de um processo civil comum, que se desenvolve em uma relação bipolar e que busca solucionar uma controvérsia havida no passado ou mesmo inibir eventual conduta indevida que possa ocorrer num futuro próximo, a ser resolvido de forma geral por uma decisão adjudicada, substitutiva da vontade das partes, as matérias consideradas sob reserva legal são aquelas que visam a garantir, em resumo, o devido processo legal. Nesse sentido, importa sejam

---

53. MARINONI, Luiz Guilherme; ARENHART, Sergio Cruz; MITIDIERO, Daniel. *Curso de Processo Civil*. São Paulo: Ed. RT, 2015, v. 1, p. 526.
54. Nesse sentido, a teor do disposto no inciso II do artigo 104 do Código Civil, a validade do negócio jurídico requer objeto lícito. E o inciso II do artigo 166 do Código Civil comina de nulidade negócio jurídico quando for ilícito seu objeto. Trata-se de regras plenamente aplicáveis aos negócios jurídicos processuais, de modo que o objeto dessas convenções não poderia, então, contrariar a lei. Justamente nesse sentido, a regra do artigo 190 do Código de Processo Civil exige que o juiz controle a validade da convenção e lhe permite recusar sua aplicação em caso de nulidade.
55. Em excelente estudo, Antonio do Passo Cabral assinala como limites gerais para controle do objeto dos acordos processuais a reserva legal, a boa-fé e o dever de cooperação, a proteção dos vulneráveis e a questão relativa aos custos e à vedação de transferência de externalidade (CABRAL, Antonio do Passo. *Convenções processuais*. Salvador: JusPodivm, 2016, p. 315-330).

preservadas normas legais cujo conteúdo diga respeito ao exercício do contraditório, da ampla defesa e do irrestrito acesso à jurisdição ou se refiram a questões de organização judiciária, tais como a impossibilidade de se criarem recursos não previstos em lei e de se alterar ordem de tramitação dos processos nos tribunais superiores.[56] O âmbito dos limites dos negócios jurídicos processuais seria aquele de preservar a atuação judicial para que os litigantes possam exercer seus direitos fundamentais processuais. Ao juiz seria dado intervir nos negócios jurídicos processuais para resguardar seus poderes e para impor às partes um processo justo.

Por outro lado, quando se trata de um processo de recuperação judicial, que se desenvolve em uma relação multipolar e complexa, exige medidas prospectivas e deve ser solucionado através de acordo, as matérias consideradas sob reserva legal são aquelas inerentes à manutenção do próprio instituto da recuperação judicial e à preservação dos princípios que lhe são particulares. Bem compreendido, não seriam todas as matérias objeto de tratamento legislativo que impediriam entabulação de convenção processual.[57]

Dessa forma, devem ser preservadas normas legais cujo conteúdo diga respeito ao núcleo essencial da preservação da empresa; da separação do destino da empresa daquele do empresário; da retirada da empresa inviável do mercado; do tratamento igualitário entre os credores; do interesse na participação ativa dos credores; da redução do custo do crédito; da proteção do trabalhador; da preservação e da maximização dos ativos do falido; da celeridade, da eficiência e à economia processual; do favorecimento da empresa de pequeno porte; do rigor na punição dos crimes falimentares; da segurança jurídica. Repise-se que não são todas as previsões da Lei 11.101/2005 que merece sejam observadas como limites às convenções processuais, pois existem normas com características procedimentais que podem ser flexibilizadas pela vontade de devedor e dos credores. De qualquer sorte, ao juiz é dado intervir nos negócios jurídicos processuais para resguardar seus poderes e para impor às partes um processo justo, o que, no âmbito de uma recuperação judicial, deve ser balizado pelo núcleo essencial de seus princípios inerentes.

Como se percebe a tarefa de estabelecer limites aos negócios jurídicos processuais em recuperação judicial é tão complexa quanto aquela relativa ao processo civil tradicional. Na medida em que os termos do artigo 190 do Código de Processo Civil representam uma cláusula aberta aos negócios jurídicos processuais, o máximo que se pode estabelecer em abstrato são parâmetros sobre situações materiais que a lei busca preservar e que, em princípio, não poderiam ser objeto de convenção.[58]

---

56. Trata-se de uma simplificação da tese de Antonio do Passo Cabral que, dentre os limites específicos para controle do objeto dos acordos processuais, no estabelecimento de limites internos e externos à autonomia da vontade das partes, indica seja identificadas as garantias processuais afetadas pela convenção e, depois, sejam protegidos núcleo essencial dos direitos fundamentais processuais como parâmetro das garantias mínimas (CABRAL, Antonio do Passo. *Convenções processuais*. Salvador: JusPodivm, 2016, p. 330-340).
57. Nesse sentido, normas como aquelas relacionadas ao período de proteção e prazo de duração da assembleia geral de credores, por exemplo, são objeto de relativização por decisões judiciais e, em princípio, são matérias que podem ser tratadas em convenções processuais.
58. Sobre tempo do processo em recuperação judicial e a influência dos negócios jurídicos processuais sobre ele, veja-se: SCALZILLI, João Pedro. FABRO, Daniela. Negócio jurídico processual concursal. In: MELO, Alexandre Nasser de; AGUSTINHO, Eduardo Oliveira e RODRIGUES FILHO, João de Oliveira (Org.). *Falências e recuperação de empresa*. Curitiba: Juruá, 2022, p. 99-104.

De qualquer maneira, mesmo diante de uma visão mais cooperativa da jurisdição, o que viabilizaria negócios jurídicos processuais em maior escala também nos processos tradicionais, devem ser ressaltados elementos que fazem do processo de recuperação judicial ambiente mais propício para as convenções processuais, merecendo sejam referidas a tendência dos processos estruturais para soluções consensuais; a presença e a observância dos princípios do interesse na participação ativa dos credores, da celeridade, da eficiência e da economia processual e da segurança jurídica; a flexibilização e a adaptabilidade do procedimento às peculiaridades do caso concreto.

A partir dessas considerações, apenas a título de se fomentar o debate e de se sugerirem alguns exemplos de limites aos negócios jurídicos processuais, serão analisadas algumas situações processuais estabelecidas na Lei 11.101/2005.[59]

Na medida em que representam uma escolha do legislador e um filtro para admissibilidade do processo, os requisitos para requerimento da recuperação judicial (artigo 48) e os requisitos da petição inicial (artigo 51) não são passíveis de convenções processuais. Não há espaço para que devedor e credores sobre eles convencionem, pois não seria um ajuste entre devedor e seus credores que, por exemplo, permitiria uma sociedade não empresária requerer recuperação judicial ou que se omitisse da coletividade análise das demonstrações financeiras ou da relação dos bens do ativo imobilizado do devedor. De qualquer forma, seria possível se pensar na relativização da exigência desses requisitos, mediante decisão judicial, pois, nesse caso, estar-se-ia diante do exercício da jurisdição, em provimento que teria uma abrangência ampla a todos os credores e demais interessados e que seria passível de controle através de recurso.

A opção das empresas por ingressar em recuperação judicial em consolidação processual não pode ser negociada (artigo 69-G). Isso porque os credores não se poderiam exigir que determinadas empresas de um grupo ingressassem em recuperação judicial. No caso de uma empresa de um grupo não ingressar em recuperação judicial com as demais, aos credores caberia rejeitar plano de recuperação que lhes seja apresentado. No entanto, depois do ingresso das empresas em recuperação judicial, o processamento do pedido em consolidação substancial pode ser objeto de convenção (artigo 69-J).

---

59. Excelente trabalho sobre negócios jurídicos processuais em sede de recuperação judicial, ainda antes da vigência das alterações trazidas pela Lei 14.112/2020, com diversas sugestões de situações passíveis de composição entre devedor e seus credores, pode ser conferida em: DOMINGOS, Carlos Eduardo Quadros. *Negócio jurídico processual na recuperação judicial*. São Paulo: Quartier Latin, 2019, p. 132-145. Merecem destaque os exemplos de convenções citadas pelo autor: (a) modificação do prazo de supervisão de dois anos; (b) quórum mínimo para credores recorrerem da decisão de concessão da recuperação judicial; (c) prazo para alienação de ativos em caso de convolação em falência; (d) extraconcursalidade prioritária para financiador no período de recuperação judicial em caso de ulterior convolação em falência; (e) não convolação imediata em caso de descumprimento do plano de recuperação judicial no período de supervisão; (f) alteração das hipóteses de convolação da recuperação judicial em falência; (g) alteração do período de proteção. Reconhecendo se tratar de um campo em experimentação, João Pedro Scalzilli e Daniela Fabro apontam que negócios jurídicos processuais em recuperação judicial tenderiam a encaminhar: (a) forma de contagem dos prazos; (b) fixação de um calendário processual; (c) extensão do período de proteção; (d) suspensão da assembleia geral de credores; (e) modulação do período de fiscalização do cumprimento do plano de recuperação judicial. SCALZILLI, João Pedro. FABRO, Daniela. Negócio jurídico processual concursal. In: MELO, Alexandre Nasser de; AGUSTINHO, Eduardo Oliveira e RODRIGUES FILHO, João de Oliveira (Org.). *Falências e recuperação de empresa*. Curitiba: Juruá, 2022, p. 99.

A nomeação da administração judicial se trata de atribuição do juiz, de modo que, pelas disposições expressas da lei, pela escolha do legislador, por se tratar de matéria sob reserva legal, não pode ser objeto de convenção (artigo 21). Caso o devedor e seus credores apresentem uma sugestão para assunção do cargo de administração judicial ao juiz, logicamente não haverá qualquer vinculação ao nome e sua eventual escolha se trata apenas de conveniência judicial. A competência atribuída à administração judicial também não pode ser objeto de convenção entre devedor e seus credores, pois não se podem furtar das exigências da lei (artigo 22), que representam garantia de observância dos princípios norteadores da recuperação judicial. Quanto à remuneração da administração judicial, deve ser objeto de fixação judicial, de modo que eventual composição entre administrador judicial e devedor deve ser considerada como parâmetro a ser observado, mas não pode servir de vinculação ao juiz (artigo 24).

No que diz respeito à assembleia geral de credores, suas atribuições (artigo 35, I), a forma de sua convocação (artigo 36), seu rito (artigos 37 a 39) e sua composição (artigo 41) não podem ser objeto de convenção processual. Os quóruns para aprovação das deliberações, seja de maioria simples (artigo 42), seja de maioria qualificada (artigo 45) não podem ser negociados (artigo 20-B, § 2º). O interesse pela preservação da recuperação judicial e dos seus princípios inerentes impede que devedor e os credores sobre essas questões convencionem. Talvez fossem viáveis alterações mediante convenção processual que abrangesse a concordância do devedor e da totalidade dos credores,[60] de modo que nenhum deles pudesse se dizer depois prejudicado pelas mudanças. No entanto, isso seria algo é pragmaticamente impossível.

São vedados negócios jurídicos processuais sobre a natureza jurídica e a classificação de créditos, bem como sobre critérios de votação em assembleia geral de credores (artigo 20-B, § 2º). A sujeição dos créditos também não pode ser negociada (artigo 49), e adesão dos credores de créditos não sujeitos aos termos do plano não significa deliberação pela sujeição dos créditos. Da mesma forma, a extraconcursalidade de créditos constituídos no curso da recuperação judicial não pode ser negociada (artigo 67). Também se trata de normas que objetivam preservação da recuperação judicial e dos seus princípios, basicamente igualdade entre os credores. Aqui também poderiam ser viáveis alterações mediante convenção processual que abrangesse a concordância do devedor e da totalidade dos credores, de modo que nenhum deles pudesse se dizer depois prejudicado pelas mudanças.

Questões relativas ao prazo de apresentação do plano de recuperação judicial (artigo 53), ao oferecimento e retirada de objeção ao plano (artigo 55) e para convocação de AGC (artigo 56) podem ser objeto de convenções processuais. Trata-se de exemplos de calendarização processual, de ajustes entre devedor e credores que não afastam, porém, as consequências da inobservância dos prazos. Isso significa, por exemplo, que, por mais que se aumente o prazo para apresentação do plano por convenção processual,

---

60. Nesse sentido, Marcelo Sacramone possui entendimento de que, se não houvesse submissão da minoria à maioria e se houvesse, então, concordância de todos os credores, seriam possíveis ajustes em relação à classificação dos créditos (SACRAMONE, Marcelo Barbosa. Comentários aos artigos 7º a 20-D. In: TOLEDO, Paulo Fernando Campos Salles de (Coord.). *Comentários à Lei de Recuperação de Empresas*. São Paulo: Thomson Reuters Brasil, 2021, p. 161).

não se podem afastar os efeitos da inobservância do prazo ajustado, o que determinará convolação da recuperação judicial em falência.

O mesmo pode ser dito do prazo de fiscalização judicial do cumprimento do plano de recuperação judicial (artigo 61), que pode ser objeto de composição.[61] No entanto, mesmo sendo encerrado processo depois de aprovado plano de recuperação judicial, havendo descumprimento das disposições do plano, os credores continuarão podendo requerer a falência do devedor com base no título executivo formado pela recuperação judicial.

Na medida em que representam uma garantia ao devedor, ínsita ao princípio da preservação da empresa, os requisitos para apresentação de plano substitutivo não podem ser negociados (artigo 56, § 6º). Talvez fosse viável se imaginar a relativização por decisão judicial dos requisitos para apresentação de plano substitutivo, levando-se em consideração o princípio do interesse na participação ativa dos credores. No entanto, não se poderia perder de vista que o principal princípio a iluminar a recuperação judicial é aquele da preservação da empresa, de modo que eventual proposta de plano substitutivo teria que estar fundada na preservação da empresa.

Em resumo, pode se concluir que as condições para existência da recuperação judicial, seja núcleo essencial dos seus princípios, sejam os poderes atribuídos ao juiz, à administração judicial, ao Ministério Público, ao Comitê de Credores, sejam questões de organização judiciária, não podem ser objeto de convenção. Todas as demais situações são passíveis de convenções processuais, dada competência atribuída ao devedor e aos seus credores para sobre elas tratar e para sobre elas dispor.

No que tange à questão da vulnerabilidade, em razão de as convenções processuais serem firmadas no curso de uma recuperação judicial, processo no qual há acompanhamento judicial constante, há intervenção da administração judicial e eventualmente do Ministério Público, parece se tratar de tema não recorrente. De qualquer forma, no que diz respeito à figura dos credores, dificilmente se teria essa situação. Isso porque, em razão de a manifestação ser tomada pela união de votos em determinada direção, considera-se que uma deliberação da assembleia seria manifestação de vontade coletiva, de modo que não poderia o conjunto de credores sofrer de vulnerabilidade. A situação de vulnerabilidade deveria ser analisada especificamente em relação a um determinado credor e poderia determinar invalidação de seu voto.[62] E somente se esse voto fosse determinante para condução da decisão tomada que se poderia cogitar de invalidação da convenção processual. Quanto à figura do devedor, numa primeira análise, bastaria que não aderisse à proposta de convenção processual, hipótese que dissiparia situação de vulnerabilidade. Não obstante, caso haja condições de o devedor ser colocado em situação de vulnerabilidade em uma convenção processual no âmbito de uma recuperação judicial, premido pelos credores a adotar uma determinada conduta processual ou uma

---

61. KNORR, Maria Victória Mangeon. O negócio jurídico processual como mecanismo útil na recuperação judicial. In: OLIVEIRA FILHO, Paulo Furtado de (Coord.). *Lei de Recuperação e Falência*: pontos relevantes e controversos da reforma pela Lei 14.112/2020. Indaiatuba, SP: Editora Foco, 2021, v. 2, p. 23.
62. FRANÇA, Erasmo Valladão A. e N.; Adamek, Marcelo Vieira von. Comentários aos artigos 35 a 39. In: TOLEDO, Paulo Fernando Campos Salles de (Coord.). *Comentários à Lei de Recuperação de Empresas*. São Paulo: Thomson Reuters Brasil, 2021, p. 223.

arrojada calendarização processual, diante do princípio da preservação da empresa, que estaria em situação de violação, estar-se-ia diante de caso de intervenção judicial para controle das disposições do pacto havido.

7. CONCLUSÃO

Ao longo deste trabalho, foram analisados os negócios jurídicos processuais no ambiente de processos de recuperação judicial, sendo válido que se conclua:

i) serem suas partes exclusivamente devedor e seus credores, na medida em que representam os protagonistas da relação material controvertida. Eventual observância do negócio jurídico processual por juiz, administração judicial, Ministério Público, Comitê de Credores representa apenas reconhecimento de sua validade;

ii) ser sempre uníssona manifestação de vontade dos devedores em consolidação processual ou substancial. A manifestação de vontade dos credores deve ser tomada em assembleia geral, podendo ser substituída solenidade pela apresentação de termo de adesão;

iii) ser exigido quórum simples da maioria dos créditos presentes em assembleia para manifestação de vontade dos credores, devendo ser observado quórum qualificado, quando compatíveis as deliberações, no caso de negócio jurídico que envolva também deliberações de direito material;

iv) serem aplicáveis aos negócios jurídicos processuais as regras de invalidade dos atos processuais, de modo que a invalidade de um ato não prejudica outros que eventualmente sejam independentes; não se reconhece invalidade quando se puder decidir o mérito a favor de quem aproveita decretação daquela; aproveitam-se os atos, ainda que desconformes ao modelo legal, desde que não haja prejuízo à defesa de qualquer das partes;

v) ser indiferente para possibilidade de ser firmarem negócios jurídicos processuais eventual indisponibilidade ou disponibilidade do direito material, de modo que disponibilidade da regra a ser relativizada a ser analisada é aquela de direito processual;

vi) serem seus limites normas legais cujo conteúdo diga respeito ao núcleo essencial da preservação da empresa; da separação do destino da empresa daquele do empresário; da retirada da empresa inviável do mercado; do tratamento igualitário entre os credores; do interesse na participação ativa dos credores; da redução do custo do crédito; da proteção do trabalhador; da preservação e da maximização dos ativos do falido; da celeridade, da eficiência e à economia processual; do favorecimento da empresa de pequeno porte; do rigor na punição dos crimes falimentares; da segurança jurídica. Não são, portanto, todas as regras legais óbices para os negócios jurídicos processuais;

vii) não serem os requisitos para requerimento da recuperação judicial (artigo 48) e os requisitos da petição inicial (artigo 51) passíveis de convenções processuais, mas podem ser objeto de relativização através de decisão judicial;

viii) não ser o ingresso de empresas em consolidação processual passível de negócio jurídico processual, mas apenas processamento do pedido em consolidação substancial;

ix) não ser escolha da administração judicial e do Comitê de Credores e suas funções passíveis de negócios jurídicos processuais;

x) não serem atribuições (artigo 35, I), forma de convocação (artigo 36), rito (artigos 37 a 39), composição (artigo 41) e quóruns das deliberações (artigos 42 e 45) da assembleia geral de credores e os requisitos para apresentação de plano substitutivo (artigo 56, § 6º) passíveis de convenções das partes;

xi) não serem natureza jurídica e a classificação de créditos, bem como sobre critérios de votação em assembleia geral de credores (artigo 20-B, § 2º), sujeição dos créditos (artigo 49) e extraconcursalidade de créditos constituídos no curso da recuperação judicial (artigo 67) passíveis de composição;

xii) serem as questões relativas ao prazo de apresentação do plano de recuperação judicial (artigo 53), ao oferecimento e retirada de objeção ao plano (artigo 55), para convocação de AGC (artigo 56) e prazo de fiscalização judicial do cumprimento do plano de recuperação judicial (artigo 61) passíveis de negócios jurídicos processuais;

xiii) quanto à vulnerabilidade, não representar tema recorrente, por se tratar de processo sob acompanhamento da administração judicial e do Ministério Público. De toda forma, em relação aos credores, alegação de vulnerabilidade deveria ser analisada no voto de cada credor, pois deliberação da assembleia geral de credores é ato complexo que não permite análise como um todo; em relação ao devedor, na hipótese de se verificar vulnerabilidade, ter-se-ia causa de não aplicação do negócio jurídico processual por parte do juiz, em atenção ao princípio da preservação da empresa.

8. REFERÊNCIAS

ALVARO DE OLIVEIRA, Carlos Alberto. *Do formalismo no processo civil*: proposta de um formalismo-valorativo. 4. ed. São Paulo: Saraiva, 2010.

ARENHART, Sergio Cruz. Processos estruturais no direito brasileiro: reflexões a partir do caso da ACP do Carvão. In: ARENHART, Sergio Cruz; JOBIM, Marco Felix e OSNA, Gustavo (Org.). *Processos estruturais*. 4. ed. São Paulo: JusPodivm, 2022.

ARENHART, Sergio Cruz. Processo multipolar, participação e representação de interesses concorrentes. In: ARENHART, Sergio Cruz; JOBIM, Marco Felix e OSNA, Gustavo (Org.). *Processos estruturais*. 4. ed. São Paulo: Juspodivm, 2022.

ARENHART, Sergio Cruz; Osna, Gustavo. Jobim, Marco Felix. *Curso de processo estrutural*. São Paulo: Thomson Reuters, 2021.

BARBOSA MOREIRA, José Carlos. *Convenção das partes sobre matéria processual*. Temas de Direito Processual – 3ª Série. São Paulo: Saraiva, 1984.

BASTOS, Antonio Adonias; TOMAZETTE, Marlon; GOMES, Tadeu Alves Sena. A recuperação judicial como processo estrutural. *Revista de Processo*, v. 330, ago. 2022.

BULGARELLI, Waldirio. *Tratado de direito empresarial*. 2. ed. São Paulo: Atlas, 1995.

CABRAL, Antonio do Passo. *Convenções processuais*. Salvador: JusPodivm, 2016.

CABRAL, Antonio do Passo. O papel do juiz diante das convenções processuais. In: CABRAL, Antonio do Passo e NOGUEIRA, Pedro Henrique (Coord.). *Negócios processuais*. Salvador: JusPodivm, 2020. t. 2.

CHAYES, Abram. The role of the judge in public law litigation. *Harvard Law Review*, v. 89, n. 7, may 1976.

COSTA, Eduardo José da Fonseca. A execução negociada de políticas públicas em juízo. *Revista de Processo*. São Paulo: Ed. RT, 2012, n. 212.

CUNHA, Leonardo Carneiro da. Negócios jurídicos processuais no processo civil brasileiro. In: CABRAL, Antonio do Passo e NOGUEIRA, Pedro Henrique (Coord.). *Negócios processuais*. Salvador: JusPodivm, 2019. t. 1.

DIDIER JR., Fredie. Princípio do respeito ao autorregramento da vontade no processo civil. *Revista do Ministério Público do Estado do Rio de Janeiro*, n. 57, Rio de Janeiro, 2015.

DIDIER JR., Fredie. Negócios jurídicos processuais atípicos no CPC-2015. In: CABRAL, Antonio do Passo e NOGUEIRA, Pedro Henrique (Coord.). Negócios processuais. Salvador: JusPodivm, 2020. t. 1.

DIDIER JR., Fredie; ZANETI JR., Hermes; OLIVEIRA, Rafael Alexandria de. Elementos para uma teoria do processo estrutural aplicada ao direito brasileiro. In: ARENHART, Sergio Cruz; JOBIM, Marco Felix e OSNA, Gustavo (Org.). *Processos estruturais*. 4. ed. São Paulo: JusPodivm, 2022.

DOMINGOS, Carlos Eduardo Quadros. *Negócio jurídico processual na recuperação judicial de empresas*. São Paulo: Quartier Latin, 2019.

FISS, Owen. Against settlement. *The Yale Law Journal*, v. 93, n. 6, May 1984.

FLUMINGAN, Silvano Jose Gomes. A recuperação judicial e os negócios jurídicos processuais. *Revista de Direito Recuperacional e Empresa*, v. 9, jul./set. 2018.

FRANÇA, Erasmo Valladão A. e N.; ADAMEK, Marcelo Vieira von. Comentários aos artigos 35 a 39. In: TOLEDO, Paulo Fernando Campos Salles de (Coord.). *Comentários à Lei de Recuperação de Empresas*. São Paulo: Thomson Reuters Brasil, 2021.

GAJARDONI, Fernando da Fonseca. *Flexibilização procedimental*. São Paulo: Atlas, 2008.

KNORR, Maria Victória Mangeon. O negócio jurídico processual como mecanismo útil na recuperação judicial. In: OLIVEIRA FILHO, Paulo Furtado de (Coord.). *Lei de recuperação e falência*: pontos relevantes e controversos da reforma pela Lei 14.112/2020. Indaiatuba, SP: Editora Foco, 2021. v. 2.

MARIANO, Álvaro A.C. Comentários aos artigos 189 a 201. In: TOLEDO, Paulo Fernando Campos Salles de (Coord.). *Comentários à Lei de Recuperação de Empresas*. São Paulo: Thomson Reuters Brasil, 2021.

MARINONI, Luiz Guilherme; ARENHART, Sergio Cruz; MITIDIERO, Daniel. *Curso de Processo Civil*. São Paulo: Ed. RT, 2015. v. 1.

MELO, Cinira Gomes Lima. *Plano de recuperação judicial*. 2 ed. São Paulo: Almedina, 2021.

MITIDIERO, Daniel. O processualismo e a formação do Código Buzaid. *Revista de Processo*, ano 35, n. 183, maio 2010.

OSNA, Gustavo. Contratualizando o processo: três notas sobre os negócios jurídicos processuais (e seu possível fracasso). *Revista Eletrônica de Direito Processual – REDP*, v. 21, ano 14, n. 2, Rio de Janeiro, maio/ago. 2020.

PASQUALOTTO, Victoria Franco. O processo civil entre litígios tradicionais e litígios multipolares complexos: a resposta do processo estrutural. In: ARENHART, Sergio Cruz; JOBIM, Marco Felix e OSNA, Gustavo (Org.). *Processos estruturais*. 4. ed. São Paulo: Juspodivm, 2022.

RAATZ, Igor. Colaboração no processo civil e o projeto do novo Código de Processo Civil. *Revista da SJRJ*, v. 18, n. 31, Rio de Janeiro, 2011.

SACRAMONE, Marcelo Barbosa. Comentários aos artigos 7º a 20-D. In: TOLEDO, Paulo Fernando Campos Salles de (Coord.). *Comentários à Lei de Recuperação de Empresas*. São Paulo: Thomson Reuters Brasil, 2021.

SCALZILLI, João Pedro; SPINELLI, Luis Felipe; TELLECHEA, Rodrigo. *Recuperação de empresas e falência* – teoria e prática na Lei 11.101/2005. 3 ed. São Paulo: Almedina, 2018.

SCALZILLI, João Pedro. FABRO, Daniela. Negócio jurídico processual concursal. In: MELO, Alexandre Nasser de; AGUSTINHO, Eduardo Oliveira e RODRIGUES FILHO, João de Oliveira (Org.). *Falências e recuperação de empresa*. Curitiba: Juruá, 2022.

SILVA, Jose Anchieta. Comentário aos artigos 21 a 25. In: TOLEDO, Paulo Fernando Campos Salles de (Coord.). *Comentários à Lei de Recuperação de Empresas*. São Paulo: Thomson Reuters Brasil, 2021.

THEODORO JUNIOR, Humberto. O compromisso do projeto de novo Código de Processo Civil Com o Processo Justo. *Revista Síntese de Direito Civil e Processual Civil*, v. 12. São Paulo, 2012.

YARSHELL, Flavio Luiz. Convenção das partes em matéria processual. In: CABRAL, Antonio do Passo e NOGUEIRA, Pedro Henrique (Coord.). *Negócios processuais*. Salvador: JusPodivm, 2019. t. 1.

A INTERFERÊNCIA NA GESTÃO DA EMPRESA EM CRISE NO PROCEDIMENTO RECUPERACIONAL

Ricardo de Moraes Cabezón

Doutor pela Faculdade de Direito da Universidade de São Paulo. Mestre em Direitos Difusos e Coletivos pela Unimes. Especialista em Direito Processual pela Unip e docência do Ensino Superior pela UFRJ. Professor universitário de curso de graduação e pós-graduação em Direito. Advogado. Administrador Judicial. Sócio-administrador da Cabezón Administração Judicial Eireli.

A recuperação judicial propicia o soerguimento da empresa mediante a observância de regras específicas contidas na Lei 11.101/2005, edificadas a partir de objetivos básicos a serem aplicados a todo e qualquer procedimento recuperacional.

O texto do art. 47 assim dispõe:

> A recuperação judicial tem por objetivo viabilizar a superação da situação de crise econômico-financeira do devedor, a fim de permitir a manutenção da fonte produtora, do emprego dos trabalhadores e dos interesses dos credores, promovendo, assim, a preservação da empresa, sua função social e o estímulo à atividade econômica.

Tem-se assim um elenco tripartite de objetivos voltados à: *(i)* preservação da empresa; *(ii)* proteção dos trabalhadores; e *(iii)* garantia dos interesses dos credores, premissas que auxiliam a interpretação teleológica da norma por exprimir valores elementares que justificam toda a construção normativa.

Em sintonia com o dispositivo *retro*, o legislador expressa o dever de cuidado e zelo a ser empregado no procedimento recuperacional, com o intuito de equilibrar a relação entre a devedora e credores, prevendo condições e mecanismos que visam harmonizar os interesses gerais, primando por uma atuação transparente da recuperanda a propiciar ciência das condições da empresa no exercício de sua atividade a todos os credores que decidirão por sua continuidade no mercado ou não.

Acentuando os contornos sobre a relevância do dever de atentar para as formalidades legais, sobretudo valorizando o dever de probidade da sociedade em crise e o direito de informação dos credores, o legislador atribuiu o múnus de vigilância no processo concursal à Administraçao Judicial que, no exercício de sua função, consubstancia o encargo por meio da realização, entre outras atividades, de vistorias na empresa, análise contábil e documental, emprego diligente de práticas preventivas para identificação de eventual inconsistência ou fraude, bem como o contínuo relato de suas constatações no procedimento, atividade que representa uma espécie de contrapartida à liberdade conferida ao devedor e a seus administradores.[1]

---

1. SCALZILLI, João Pedro; SPINELLI, Luis Felipe; TELLECHEA, Rodrigo. Gestão judicial. In: SANTOS, Assione et al. *Transformações no direito de insolvência*. Estudos sob a perspectiva da reforma da Lei 11.101/2005. São Paulo: Quartier Latin, 2021. nota de rodapé 1, p. 255.

Não obstante, a norma ainda franqueia aos credores a possibilidade de comporem Comitê (art. 27, II, *a*) objetivando a participação no procedimento de forma mais ativa e próxima ao devedor, fiscalizando também suas atividades.

Dessarte, mesmo com a fiscalização do Administrador Judicial e eventualmente do Comitê, nem sempre a devedora contribui com a oferta de dados e informações precisas a respeito da rotina da empresa, as quais muitas vezes não possui em virtude da antiquada forma de gestão empregada,[2] configurando assim um panorama obscuro ou duvidoso sobre o que efetivamente está ocorrendo na sociedade em crise, não raramente ensejando suspeita e indícios de prática de ilícitos, o que reflete em um ambiente propício para se instalar um clima de tumulto e intranquilidade no procedimento.

Tais situações, uma vez evidenciadas, conforme previsão contida no art. 64 da Lei de Recuperação Judicial e Falência (LRF),[3] permite ao magistrado agir de ofício, quando as circunstâncias se mostrarem presentes, ou mediante requerimento do Comitê de Credores, do Administrador Judicial, ou de qualquer credor,[4] e ainda pelo sócio da sociedade devedora,[5] visando o afastamento do administrador da recuperanda, sem obviamente olvidar do devido contraditório e do exercício da ampla defesa, constitucionalmente garantidos a devedora.[6-7]

---

2. Muitas vezes, no âmbito do procedimento recuperacional, as empresas devedoras são diligenciadas pela Administração Judicial para prestar informações que, não raramente, sua própria gestão, mesmo atuando de forma intuitiva, desconhece a existência ou relevância de sua utilização, v.g., o cálculo do custo efetivo do produto, planejamento de aproveitamento de sobras da produção, o custo de hora/máquina, a realização de fluxo de caixa etc.
3. "Art. 64. Durante o procedimento de recuperação judicial, o devedor ou seus administradores serão mantidos na condução da atividade empresarial, sob fiscalização do Comitê, se houver, e do administrador judicial, salvo se qualquer deles:
   I – houver sido condenado em sentença penal transitada em julgado por crime cometido em recuperação judicial ou falência anteriores ou por crime contra o patrimônio, a economia popular ou a ordem econômica previstos na legislação vigente;
   II – houver indícios veementes de ter cometido crime previsto nesta Lei;
   III – houver agido com dolo, simulação ou fraude contra os interesses de seus credores;
   IV – houver praticado qualquer das seguintes condutas:
   a) efetuar gastos pessoais manifestamente excessivos em relação a sua situação patrimonial;
   b) efetuar despesas injustificáveis por sua natureza ou vulto, em relação ao capital ou gênero do negócio, ao movimento das operações e a outras circunstâncias análogas;
   c) descapitalizar injustificadamente a empresa ou realizar operações prejudiciais ao seu funcionamento regular;
   d) simular ou omitir créditos ao apresentar a relação de que trata o inciso III do *caput* do art. 51 desta Lei, sem relevante razão de direito ou amparo de decisão judicial;
   V – negar-se a prestar informações solicitadas pelo administrador judicial ou pelos demais membros do Comitê;
   VI – tiver seu afastamento previsto no plano de recuperação judicial.
   Parágrafo único. Verificada qualquer das hipóteses do caput deste artigo, o juiz destituirá o administrador, que será substituído na forma prevista nos atos constitutivos do devedor ou do plano de recuperação judicial."
4. SACRAMONE, Marcelo Barbosa. *Comentários a Lei de Recuperação de Empresas e Falência*. São Paulo: Saraiva, 2018. p. 287.
5. SCALZILLI, João Pedro; SPINELLI, Luis Felipe; TELLECHEA, Rodrigo. Gestão judicial. In: SANTOS, Assione et al. *Transformações no direito de insolvência*. Estudos sob a perspectiva da reforma da Lei 11.101/2005. São Paulo: Quartier Latin, 2021. nota de rodapé 1, p. 256.
6. CAMPINHO, Sérgio. *Falência e recuperação de empresa*. 9. ed. rev. e atual. São Paulo: Saraiva Jur, 2018. p. 163.
7. Acerca da premissa do magistrado, registrem-se as palavras do desembargador do Tribunal de Justiça de São Paulo, Cesar Ciampolini, em seu voto proferido nos autos do Agravo de Instrumento 2296395-41.2020.8.26.0000: "Enfim, sempre se há de lembrar, que, no cível, como pontificou Vicente Ráo em obra seminal, a mais importante das missões do Juiz é a de reprimir o ilícito, *rectius* a fraude ('... para valer como elemento essencial ou constitutivo do

Tem-se, portanto, a possibilidade de mitigar o *debtor in possession*,[8] premissa pela qual se entende que, por via de regra, o controle gerencial da sociedade em crise deve ser exercido pelos sócios e/ou seus administradores.

Contudo, apesar de a Lei 11.101/2005 contemplar a possibilidade de afastamento do devedor ou de seus administradores da condução da atividade empresária no art. 64, um dever de cautela exsurge ao magistrado, eis que a retirada dos gestores da empresa diante de indícios de fraudes/ilícitos pode ensejar reflexos ainda mais gravosos à recuperação e, por conseguinte, a toda a coletividade de credores, acionistas, empregados etc.

A inserção de uma nova direção por determinação unilateral do Juízo com ideias, metas e posturas distintas da anterior, mesmo que por pouco tempo até que se organize uma Assembleia Geral de Credores, pode vir a desencadear a adoção de medidas nocivas aos compromissos, tratativas e negócios realizados pela anterior gestão, além de instaurar insegurança no mercado, potencializando a crise a um patamar de total descontrole, afinal, assumir o comando de uma empresa baseado em poucas (ou nenhuma) informações sobre sua rotina e real situação financeira representa uma combinação fatal para o almejado soerguimento empresarial.[9]

Contribuindo com a solução, até para que se amadureça eventual interesse em convocar assembleia para nomeação de novo gestor a ser eleito pelos credores e/ou elucidem-se os indícios de ilícitos praticados, encontra-se a possibilidade de – ao revés de inserir um substituto – nomear um cogestor, profissional com conhecimento técnico no segmento da empresa devedora, para atuar no estrito cumprimento de escopo delineado pelo Juízo recuperacional, visando acesso a informações; restabelecimento de uma

---

ato jurídico, seu objeto há de ser lícito; se lícito não for não haverá ato jurídico propriamente dito, senão um fato voluntário que somente produz as sanções ou cominações impostas por lei'). Trata-se, sob outra nomenclatura, de regras morais, 'cujo dever de respeito em dever jurídico se transforma', com remissão a Georges Ripert, acrescenta Ráo que 'necessidade não há de disposição legal expressa, que a cada hipótese de fato particularmente se refira, para se decretar a invalidade dos fatos voluntários que as mencionadas regras desrespeitem, pois, fazê-las respeitar através do julgamento dos casos concretos é a mais alta entre as funções que ao juiz compete exercer' (Ato Jurídico, p. 157/158; destaquei). Assim, não fossem os princípios, o art. 422 do Código Civil".

8. Durante o procedimento de recuperação judicial, o devedor e seus administradores, regra geral, serão mantidos na condução do negócio. Tratando-se de sociedade, os órgãos sociais continuam funcionando normalmente de acordo com a legislação societária. É o que a doutrina norte-americana chama de *debtor-in-possession*, um benefício que estimula a recuperação, na medida em que o titular da empresa não precisa ter o receio (*ex ante*) de perder o controle gerencial para se valer do regime recuperatório – além de garantir a elaboração de um plano por quem está ciente das questões relevantes do negócio (SCALZILLI, João Pedro; SPINELLI, Luis Felipe; TELLECHEA, Rodrigo. Gestão judicial. In: SANTOS, Assione et al. *Transformações no direito de insolvência*. Estudos sob a perspectiva da reforma da Lei 11.101/2005. São Paulo: Quartier Latin, 2021. nota de rodapé 1, p. 255).

9. Segundo João Pedro Scalzilli, Luis Felipe Spinelli e Rodrigo Tellechea, a regra do *debtor-in-possession*, ou seja, da manutenção do devedor na condução da empresa em crise, assenta-se em quatro crenças relevantes. A primeira delas citando Sheila Cerezetti funda-se na ideia de que o conhecimento, a *expertise* e a familiaridade do devedor com o negócio são fatores dotados de valor e devem ser aproveitados quando da reestruturação das empresas. A segunda, "a de que a necessidade de recuperação por parte de devedores, advém, na maioria das vezes, de reveses inerentes a própria atividade empresarial, não de fraude, desonestidade ou negligência grave. Em terceiro, a de que a alocação do poder de controle nas empresas em crise não pode discrepar do compromisso constitucional com a propriedade privada firmada no art. 170, II, da Constituição. Em quarto lugar, se o afastamento do devedor é condição inescapável para a reestruturação da empresa, ele tende a retardar o ajuizamento da recuperação até o ponto em que essa é a única saída possível – ou seja, o *debtor-in-possession* serviria como incentivo para que a recuperação seja iniciada em momento apropriado, evitando-se que a crise se torne irreversível" (Gestão judicial. In: SANTOS, Assione et al. *Transformações no direito de insolvência*. Estudos sob a perspectiva da reforma da Lei 11.101/2005. São Paulo: Quartier Latin, 2021. p. 255-256).

atuação em sintonia com a lei; acompanhamento diário, *in loco*, da rotina da empresa; e imprimir maior transparência aos atos praticados pela devedora, atuação que também é conhecida como *watch dog* (cão de guarda).

Leonardo Adriano Ribeiro Dias a esse respeito obtempera:

> A solução, embora prudente, pode representar um desincentivo ao cumprimento da lei e um estímulo a prática de atos lesivos aos interesses dos credores e da própria empresa em crise, já que a sanção legal mais grave – i.e., afastamento do devedor ou dos administradores – não será aplicada. Além disso, não deve prevalecer o argumento de que essas pessoas são as únicas capazes de conduzir as atividades e que inexistiriam profissionais ou empresas qualificadas ou dispostas a tanto, até porque o art. 50, § 3º, da LRE, introduzido pela Lei n. 14.112/2020, afasta o risco de sucessão ou responsabilidade por dívidas de qualquer natureza na hipótese de substituição dos administradores, o que elimina eventual receio desses profissionais.[10]

Silente sobre o exercício de tal função, a LRF, muito embora não a preveja, também não proíbe a nomeação de tal perito, afinal, se ao magistrado, com base nos termos do art. 64 da Lei 11.101/2005, é permitido destituir os controladores da empresa, pode também nomear profissional para acompanhar sua rotina e adotar providências por ele estipuladas.

Importante salientar que o exercício de tal mister pode ocorrer tanto por pessoa física ou jurídica, inclusive dos quadros da equipe da própria Administração Judicial, de cujo ônus dela se difere, uma vez que (a) possui encargo regulado pelo juiz que, ao instituí-lo, delimita o escopo de sua atuação elencando critérios e mitigando poderes decisórios dos sócios/gestores,[11] diferentemente do Administrador Judicial, que tem deveres previstos em lei e (b) atua de forma próxima, presencial, no estabelecimento empresarial da devedora, observando diariamente sua rotina, tomando ciência e intervindo para impedir desvios, abusos ou preterir interesses dos credores.

Tal atividade também deve ser remunerada e ocorrer às expensas da devedora, a qual deu ensejo à necessidade de tal nomeação, em patamar condizente com o exercício de função correlata à do gestor da empresa, com base na previsão descrita no art. 160 da Lei 13.105/2015,[12] porém sem que se caracterize vínculo empregatício ou reflexos trabalhistas acessórios, cabendo inclusive, e a depender do tipo de atividade empresária, ser providenciado seguro de vida contra acidentes e morte.

A ideia não é de intervenção nas decisões da empresa ou de cercear a liberdade de conduzir o próprio negócio aos sócios/gestores, ou seja, mitigar o *debtor in possesion*, mas sim de prestigiar a instauração de um clima de transparência por meio da atuação de profissional idôneo que, com poderes de ascendência sobre funcionários e acesso a todos

---

10. DIAS, Leonardo Ribeiro. Comentários aos artigos 64 a 69. In: TOLEDO, Paulo Fernando Campos Salles de (Coord.). *Comentários à Lei de Recuperação de Empresas*. São Paulo: Thomson Reuters/RT, 2021. p. 444.
11. Tal situação, numa escala mais ampla, também vigorou no Reino Unido e, após algumas atuações desastrosas embasadas na "Lei de Insolvência e Governança Corporativa 2020", que buscou atualizar o regime de insolvência, sobretudo após o advento da Pandemia de Covid-19, o Parlamento vem se mobilizando para que, a exemplo de profissionais de auditoria e direito, seja criado um marco regulatório para empresas que se proponham a prestar serviços profissionais no segmento de insolvência objetivando suporte às empresas em crise. Para tal intento foi proposto pelo Parlamento consulta pública. Disponível em: https://commonslibrary.parliament.uk/research-briefings/cbp-8971/. Acesso em: 23 fev. 2022.
12. CPC, art. 160. "Por seu trabalho o depositário ou o administrador perceberá remuneração que o juiz fixará levando em conta a situação dos bens, ao tempo do serviço e às dificuldades de sua execução."

os departamentos, contas e dados, consiga melhor exercer vigilância, acompanhando, apurando, constatando, controlando e, se o caso, realizando diligências práticas com o intuito de primar pelo pagamento dos credores em estrito cumprimento dos termos do plano de recuperação judicial, obstando retiradas injustificadas de numerário, pagamento de terceiros sem contrato ou nota fiscal, ocultação de bens, bem como outras práticas que se revelem desvirtuadas ao soerguimento da crise.

À guisa de exemplo, em 2017, no âmbito da recuperação judicial de Nacarato Comércio de Calçados Ltda. (Empório Naka),[13] empresa atuante no ramo de calçados, o Juízo da 2ª Vara de Falências e Recuperações Judiciais do foro central da comarca de São Paulo/Capital, Dr. Paulo Furtado de Oliveira Filho, determinou o exercício de fiscalização *in loco* nas dependências da recuperanda diante do relato proferido pela Administradora Judicial Substituta, no qual indicava a prática de prováveis indícios de ilícitos nos seguintes termos:

> Havendo indícios de apropriação indébita e de pagamento indevidos, além da falta de informações adequadas a respeito da movimentação financeira das devedoras, viável a aplicação do art. 64, da Lei 11.101/2005, com o afastamento dos sócios e administradores das recuperandas e das pessoas jurídicas a ela ligadas.
>
> Porém, em momento importante para o comércio como o de Natal, o afastamento do administrador que conhece o mercado em que atua pode ser mais prejudicial do que a permanência dele à frente da recuperanda.
>
> A solução é adotar medida que limite os poderes da administração, de modo a permitir que as recuperandas passem a atuar em conformidade com a lei, sujeitando-se ao efetivo controle dos pagamentos que vêm sendo efetuados.
>
> [...]
>
> Desse modo, limito os poderes de todos os administradores das sociedades em recuperação e das pessoas jurídicas a ela ligadas.
>
> Os administradores das recuperandas apenas poderão praticar atos de representação das pessoas jurídicas em conjunto com o administrador judicial ou pessoa por ele indicada, o que abrange, especialmente, a celebração de contratos e pagamentos a terceiros.

O referido procedimento de coadministração na empresa (*watch dog*) foi realizado por profissional indicado pela Administração Judicial Substituta e permitiu acesso a informações, controle de pagamento, conhecimento das rotinas e contratos vigentes, criando um ambiente favorável ao pagamento dos credores alcançando, em poucos meses, a extinção do procedimento com êxito.

Fato similar, porém com desdobramentos antagônicos ao do caso anterior, ocorreu em maio de 2019, também no âmbito da 2ª Vara de Falências e Recuperações Judiciais do foro central da comarca de São Paulo/Capital, nos autos da recuperação judicial de Playtech Audio Video e Instrumentos Musicais Ltda. (1119876-35.2014.8.26.0100 – fls. 3749 a 3750), nos quais, Dr. Paulo Furtado de Oliveira Filho, após relato pormenorizado da Administração Judicial Substituta indicando dificuldades e indícios de irregularidades, determinou a fiscalização pessoal diária nas empresas:

---

13. Autos 1076009-26.2013.8.26.0100, decisão de fls. 4.601-4604.

As justificativas alegadas pela recuperanda, às fls. 3154/3159, não podem ser aceitas porque o empresário tem o dever de manter os registros dos seus negócios em ordem e a escrituração devidamente amparada em documentos idôneos, atendendo à transparência que deve reger o processo de recuperação judicial.

Em razão da falta de informações adequadas a respeito da situação financeira da devedora, a medida adequada é a aplicação do art. 64, da Lei 11.101/2005, não mediante a substituição dos administradores que têm o conhecimento de como atuar no mercado de comercialização de instrumento musicais, mas sim por meio da fiscalização *in loco* e coadministração.

Com isso, será conhecida a rotina diária da devedora por preposto indicado pela Administração Judicial, que comparecerá diariamente nos estabelecimentos da devedora e ao qual deverão ser submetidos previamente os pagamentos, novos contratos e de novas dívidas, além de ter acesso a toda movimentação bancária, arquivos de informática, documentos e bens do devedor.

Como asseverado, tal caso não obteve o êxito como o anterior, eis que no exercício das atividades de coadministrador (*watch dog*), indicado pela Administradora Judicial Substituta, pode-se constatar que a empresa, diferentemente do que se esperava, não possuía as mínimas condições de arcar com os compromissos assumidos no plano de recuperação judicial e, por conseguinte, superar a crise, razão pela qual o procedimento foi convolado em falência.

Em 2019, no âmbito da 3ª Vara Cível da comarca de Franca/SP, nos autos do procedimento recuperacional de Couroquímica Couros e Acabamentos Ltda., Processo 1012406-69.2019.8.26.0196, em virtude da gravidade das alegações das credoras envolvendo indícios de práticas ilegais pela devedora, por meio de decisão exarada pelo Dr. Humberto Aparecido da Rocha, foi acolhido o pedido da administração judicial determinando que se indicasse profissional a exercer o encargo assim sustentando:

Enfim, em que pesem as alegações das recuperandas (fls. 3969/3975 e 4041/4046), pelos motivos adrede elencados, providências merecem ser tomadas, não a ponto de, na fase atual do processo, afastar os administradores das recuperadas, como sugerido pelo atento Representante do Ministério Público, porque a carece melhor elucidação/apuração e comprovação dos fatos imputados para somente após, se o caso, proceder a medida extrema de afastamento dos administradores das recuperandas.

Demais, não se pode olvidar que da medida nesta fase (afastamento dos administradores) – ainda que de forma assecuratória – poderia medrar danos irreversíveis aos envolvidos nesta recuperação, na medida em que poderá comprometer a atividade empresarial se não tomada de forma consciente.

E não é fastidioso ressaltar que a norma constitucional garante que ninguém perderá bens sem o devido processo legal (art. 5º, LIV e LV, da Constituição da República de 1988) e nesse diapasão o afastamento nesta fase poderia incidir na regra epigrafada. Demais, pelo menos nesta fase em que o processo se encontra, não vislumbro a subsunção do fato às hipóteses autorizadoras do afastamento da gestão, previstas no art. 64, da Lei 11.101/05.

[...]

Não obstante o decidido, entendo salutar, em virtude da gravidade das alegações das Credoras, a adoção de medida urgente a compelir os administradores das recuperandas de se absterem da prática de quaisquer condutas que representem eventual prejuízo aos credores e/ou a prática de quaisquer atos ilícitos, a fim de não deixar à deriva os interesses dos credores. Assim, acolhendo a sugestão da Administradora Judicial *deve-se nomear profissional hábil a fiscalizar intensivamente toda a movimentação financeira do grupo, atuando na condição de "watchdog" (cão de guarda)*, figura presente no ramo empresarial, principalmente em empresas de grande porte e em dificuldades financeiras, *ad cautelam*, conduta que se revela prudente diante, repito, da gravidade dos fatos noticiados e da presença de indícios de seu cometimento. Desta forma, acolho o pedido da Administradora Judicial e determino a imediata indicação de profissional competente, em tempo integral comercial na sede das recuperandas, à sua escolha (administradora judicial), devendo este obstar qualquer ato das recuperandas e de seus gestores, que julgue em descompasso com os objetivos constantes na Lei 11.101/05, e, ainda, com as boas práticas de mercado, prezando pela boa-fé (destaque nosso).

Merece também registro a decisão de agosto de 2021 proferida nos autos da recuperação judicial de Viação Itapemirim e Outros, Autos 0060326-87.2018.8.26.0100, da lavra do Dr. João de Oliveira Rodrigues Filho (fls. 71.563 a 71.572), da 1ª Vara de Falências e Recuperações Judiciais do foro central da comarca de São Paulo/Capital, assim se pronunciando:

> O pleito de afastamento dos gestores deve ser indeferido. Como bem salientado pelo administrador judicial, a medida de afastamento dos gestores seria demasiadamente gravosa para a continuidade dos negócios engendrados pelo grupo, seja pela assunção da direção num contexto adverso criado pelas medidas de restrição à locomoção de pessoas, seja pela ausência de informações completas e exaurientes acerca das operações empresariais efetuadas pelo grupo em recuperação judicial e as demais empresas que se congregam no conglomerado empresarial. Em tal situação, ausentes protocolos objetivos para assegurar o bom desempenho de um gestor nomeado pelo Juízo, a medida poderia ensejar maiores riscos de insucesso no processo de soerguimento. Assim, se mostra mais proporcional e consentâneo às particularidades da espécie a nomeação de um *watchdog* para acompanhamento das atividades do grupo empresarial como um todo, estejam em recuperação judicial ou não, mormente diante da utilização de recursos dos leilões para custeio de atividades diversas do escopo deste processo recuperacional.

Consigna-se ainda a ocorrência de cogestão nos autos de EMPARE – Empresa Paulista de Refrigerantes Ltda. e Outro, conhecida como a recuperação judicial do Grupo Dolly,[14] bem como do Grupo BMART,[15] que tramitaram na 2ª Vara de Falências e Recuperações Judiciais do foro central da comarca de São Paulo/Capital, na ocasião determinada pelo então magistrado Dr. Marcelo Barbosa Sacramone.

Corolário ao exposto merece ser citada a reflexão de Gustavo Lacerda Franco que em obra alusiva a manutenção ou afastamento do devedor na administração da empresa em crise sugere a implementação dos seguintes mecanismos de equilíbrio de interesses em situações de indícios de violações:

> (i) A adoção de um padrão mais elevado de fiscalização sobre a condução da sociedade em recuperação judicial, pelo administrador judicial e pelos credores, (ii) a plena observância dos deveres fiduciários pelo sócio controlador e pelos administradores de empresa, durante o procedimento e fora dele, assim como pelo gestor judicial, quando nomeado, com evidente reflexo na independência dos agentes, e (iii)

---

14. Autos 1064813-83.2018.8.26.0100.
15. Recuperação Judicial 1012521-92.2016.8.26.0100, de Gsouto Comércio de Brinquedos e Artigos Infantis Ltda.; Comercial Center Kids de Brinquedos Ltda. – ME; Bmart Baby Kids Comércio de Artigos Infantis Ltda. – ME; Dmart Toys Comércio de Brinquedos e Artigos Infantis Ltda. – ME; C.S Toys Brinquedos Ltda.; Guime Brinquedos Ltda. – ME; Megabmart Brinquedos e Presentes Ltda.; Só Toys Brinquedos Ltda.; CS 2 Toys Comércio de Brinquedos e Artigos Infantis Ltda.; C Souto Comércio de Brinquedos Ltda. – ME; LG Toys Comércio de Brinquedos Ltda. – EPP; C Mart Toys Comércio de Brinquedos Ltda. – ME; G Mart Toys Comércio de Artigos Infantis Ltda. – ME; Riber Toys Comércio de Brinquedos Ltda.; Horizonte Toys Ltda.; Baby Mart Toys Comércio de Brinquedos e Artigos Infantis Ltda. – ME; Omart Toys Comércio de Brinquedos e Artigos Infantis Ltda. – ME; Itaim Bibi Kids Comércio de Brinquedos e Artigos Infantis Ltda.; CS3 Toys Comércio de Brinquedos e Artigos Infantis Ltda.; Jurupitoys Comércio de Brinquedos e Artigos Infantis Ltda. – ME; Barueri Toys Comércio de Brinquedos e Artigos Infantis Ltda.; Camptoys Comércio de Brinquedos e Artigos Infantis Ltda.; e Tucuruvi Toys Comércio de Brinquedos e Artigos Infantis Ltda. – EPP.

a efetiva supervisão da conduta desses personagens pela magistrada ou pelo magistrado competente, com a possibilidade do seu afastamento ou substituição em caso de descumprimento daqueles deveres.[16]

A Lei 11.101/2005 também propicia a possibilidade de realizar um procedimento extrajudicial visando o soerguimento da empresa devedora e a preservação de seus interesses.

Essa forma de acordo *sui generis*, mais célere e menos oneroso que um procedimento recuperacional judicial, resgata e aperfeiçoa a previsão original contida no Decreto 917, de 1890, que via no acordo extrajudicial um meio preventivo de falência.

Reconhecida também por sua flexibilidade e menor intervencionismo, a Recuperação Extrajudicial tem como base o respeito à manifestação volitiva das partes, que podem buscar por seus próprios meios a reestruturação de seu negócio, e, em caso de adesão de, no mínimo, mais da metade dos credores de cada espécie, permite a imposição do plano de soerguimento da devedora aos demais remanescentes da mesma classe.[17]

Contudo, apesar do permissivo, transcorridas quase duas décadas de seu retorno à legislação, constata-se que o instituto não empolgou e vem sendo pouco utilizado.

Estima-se que entre as causas de a Recuperação Extrajudicial não ser utilizada da forma esperada, apesar de esforços inclusive na reforma procedida pela Lei 14.112/2020, encontram-se algumas desvantagens, tais como inexistência de estímulos aos fornecedores, risco de intromissão judicial, impossibilidade de proceder a vendas de ativos de maneira desembaraçada e o risco de incorrer nos crimes da LRF,[18] que se traduzem em insegurança ao meio empresarial desacostumado, inclusive, à cultura da negociação multilateral de natureza extrajudicial.

Outro fator que se suscita como causa da baixa utilização do instituto está relacionado à dificuldade de fiscalização dos atos da devedora, uma vez que, em sede de Recuperação Extrajudicial, ao contrário da recuperação judicial, não há previsão de supervisão pelo Juízo com o apoio de vigilância exercido pela Administração Judicial.

---

16. *A administração da empresa em recuperação judicial* – Entre a manutenção e o afastamento do devedor. São Paulo: Almedina, 2021. p. 259.
17. LRF, art. 163. "O devedor poderá também requerer a homologação de plano de recuperação extrajudicial que obriga todos os credores por ele abrangidos, desde que assinado por credores que representem mais da metade dos créditos de cada espécie abrangidos pelo plano de recuperação extrajudicial."
18. Em trabalho publicado antes da reforma promovida pela Lei 14.112/2020 João Pedro Scalzilli, Luis Felipe Spinelli e Rodrigo Tellechea salientavam que "o insignificante número de recuperações extrajudiciais ou homologadas desde o início da vigência da LREF parece denunciar que as bases do regime não estão adequadas às necessidades das empresas em crise. Entre os diversos fatores que podem ser apontados como desvantagens do regime estão: (i) o seu alcance restrito; (ii) a inexistência do *stay period*; (iii) a impossibilidade de alienar ativos desembaraçados; (iv) o risco de revogação de atos; (v) ausência de estímulos aos fornecedores; (vi) o risco de intromissão judicial; e (vii) o risco de incorrer nos crimes da LREF" (*Recuperação de empresas e falência*. Teoria e prática na Lei 11.101/05. São Paulo: Almedina, 2016. p. 376). Contudo, após o advento da reforma da Lei 11.101/2005, "parte das ineficiências existentes na LRF foram parcialmente superadas pela reforma, entre as quais destacam-se (a) a possibilidade de inclusão dos créditos trabalhistas nas reestruturações feitas no âmbito da RE; (b) a redução dos quóruns para ajuizamento e homologação; (c) a extensão da previsão do artigo 131, LRF à RE, de modo a mitigar o risco de revogação ou declaração de ineficácia dos atos praticados no âmbito de plano de recuperação extrajudicial; e (d) introdução expressa de um período de suspensão automática das ações e das execuções relativas a créditos abrangidos pelo plano" (MÜSSNICH, Francisco Antunes Maciel; SAVI, Sergio; WANDERLEY, Eduardo G.; YAZBEK, Natália. O novo sistema de recuperação extrajudicial. *In*: SALOMÃO, Luis Felipe; TARTUCE, Flávio; CARNIO, Daniel. *Recuperação de empresas e falência*: diálogos entre a doutrina e a jurisprudência. São Paulo: Atlas, 2021. p. 815).

Nesse sentido, porém, o papel do *watch dog* vem se revelando fundamental e plenamente adequável, em respeito ao efetivo exercício da autonomia da vontade dos credores.

A título de exemplo, cite-se o plano de Recuperação Extrajudicial do Grupo Colombo,[19] Autos 1058981-40.2016.8.26.0100, que tramitaram perante a 2ª Vara de Falências e Recuperações Judiciais do foro central da comarca de São Paulo/Capital, nos quais se previu em seu plano de soerguimento a utilização de uma terceira empresa que seria incumbida de acompanhar o caixa da devedora durante um ano, e, após esse período, os titulares de Debêntures que representassem, no mínimo, 60% destas, em primeira ou segunda convocação, poderiam deliberar se a empresa de *watch dog* deveria continuar ou não conduzindo essa atividade em nome dos debenturistas.

Ainda no esteio do princípio da autonomia da vontade, não se pode olvidar de outra possibilidade de otimização de gestão empresarial, também considerada um meio de recuperação judicial descrito no rol do art. 50 da LRF, especificamente na hipótese de governança corporativa,[20-21] o que enseja, na prática, a adoção de medidas no sentido de otimizar a criação de um ambiente favorável na condução da empresa devedora que propicie não só seu soerguimento, mas também permita maior transparência, controle, segurança, redução de riscos, prevenção de conflitos internos, bem como o emprego de uma gestão profissional voltada à máxima eficiência de alocação de recursos financeiros e humanos na companhia.

Segundo análise jurimétrica envolvendo todos os procedimentos recuperacionais eletrônicos distribuídos entre janeiro de 2010 a julho de 2017, nas duas varas especializadas da comarca da capital de São Paulo foram identificados 82 processos com planos de soerguimento aprovados. Desse contingente apenas em 21,90% (aproximadamente 18 casos) dos planos de reestruturação houve previsão de alteração do controle societário, dos quais em somente 14,6% mencionou-se a possibilidade de alteração da administração da recuperanda. Nesse baixo percentual constatam-se cláusulas extremamente superficiais, "não há nenhuma medida concreta sobre de que forma o controle seria substituído ou por quem".[22]

---

19. Recuperação Judicial composta pelas empresas Q1 Comercial de Roupas S.A.; Hap Participações Ltda.; A3M4P Participações Ltda.; APJM Participações S.A.; Q1 Comercial de Roupas da Amazônia Ltda.; Adm. Comércio de Roupas Ltda.; Q1 Serviço e Recebimento Ltda.; AMD Comércio de Roupas Ltda.; KG Serviços e Participações Eireli; Colombo Franchising Eireli; e SPA Empreendimentos Imobiliários SPE Ltda.
20. Segundo Marcelo Barbosa Sacramone e Alfredo Cabrini Souza e Silva: "Governança corporativa consiste no conjunto de instituições que tratam do relacionamento entre aqueles que investem recursos na companhia e os responsáveis por sua gestão" (Governança corporativa como meio de recuperação judicial. In: CUNHA, Fernando Antonio Maia da; LAZZARESCHI NETO, Alfredo Sérgio. *Direito empresarial aplicado*. São Paulo: Quartier Latin, 2021. p. 261).
21. LRE, art. 50. "Constituem meios de recuperação judicial, observada a legislação pertinente a cada caso, dentre outros:
    [...]
    IV – substituição total ou parcial dos administradores do devedor ou modificação de seus órgãos administrativos;
    V – concessão aos credores de direito de eleição em separado de administradores e de poder de veto em relação às matérias que o plano especificar;
    [...]
    XIV – administração compartilhada."
22. SACRAMONE, Marcelo Barbosa; SILVA, Alfredo Cabrini Souza e. Governança corporativa como meio de recuperação judicial. In: CUNHA, Fernando Antonio Maia da; LAZZARESCHI NETO, Alfredo Sérgio. *Direito empresarial aplicado*. São Paulo: Quartier Latin, 2021. p. 270.

Exemplificando, entre os procedimentos em que se apresentou tal hipótese encontra-se a recuperação judicial de Playtech Audio Video e Instrumentos Musicais Ltda. (1119876-35.2014.8.26.0100), que tramitou perante a 2ª Vara de Falências e Recuperações Judiciais de São Paulo/Capital.

Em tal feito, tanto na primeira publicação do plano (fls. 275 a 313) quanto no aditivo de fls. 1.120, tópico 1.1.1, encontra-se cláusula que prevê governança corporativa pela própria consultoria contratada pela devedora, *in verbis*:

> Por solicitação de grande maioria dos credores, e para credibilizar e garantir o bom andamento do projeto de pagamento, o plano prevê, em todo o período de sua existência, o compromisso, firmado em juízo, da manutenção da equipe de Gestão e Governança Corporativa detida pela [...] com sede na [...].
>
> Para quaisquer alterações/modificações no quadro dessa Gestão Corporativa e Governança, será necessária a maioria dos votos dos credores para tal mudança.

Tal hipótese, apesar de aprovada em assembleia, não se constata ter ocorrido efetivamente no procedimento, o qual, inclusive, consoante descrito anteriormente no presente ensaio, teve necessidade de instituir um cogestor, realizar auditoria para obtenção de maiores análises e informações que fundamentaram a convolação em falência pelo Juízo recuperacional.

Contrariamente ao uso superficial de governança corporativa nos planos de recuperação judicial, o correto manejo do instituto, como meio de soerguimento empresarial, nas palavras de Sacramone:

> [...] pode concretizar a preservação da atividade empresarial e assegurar a satisfação de todos os credores, limitando a atuação do controlador majoritário. Suas boas práticas são capazes de possibilitar o alinhamento entre credor e devedor, com o estímulo a novos contratos e ao desenvolvimento da atividade empresarial para a superação da crise que a acomete.[23]

Recentes casos exemplificam a utilização de gestão compartilhada, tais como na recuperação judicial (1) do Grupo Oi,[24] em que se constaram no plano propostas de regras especiais de transição de governança que prevaleceriam sobre disposições dos estatutos sociais da empresa, visando ofertar maior estabilidade institucional aos órgãos sociais de cumprimento do plano; (2) da Livraria Saraiva,[25] em que houve o comprometimento após a aprovação do plano de contratar empresas especializadas em recrutamento para elaborar lista tríplice de profissionais indicados para o cargo de Diretor-Presidente da *holding* e selecionar profissionais para o preenchimento de vagas no Conselho de Administração; e (3) do Grupo sucroalcooleiro Usina Santa Terezinha,[26] em cujo procedimento houve cláusula expressa no plano de soerguimento prevendo a observância das boas práticas de governança corporativa, especialmente no sentido de que os cargos de diretor finan-

---

23. SACRAMONE, Marcelo Barbosa; SILVA, Alfredo Cabrini Souza e. Governança corporativa como meio de recuperação judicial. In: CUNHA, Fernando Antonio Maia da; LAZZARESCHI NETO, Alfredo Sérgio. *Direito empresarial aplicado*. São Paulo: Quartier Latin, 2021. p. 261.
24. Processo 0203711-65.8.19.0001 da 7ª Vara Empresarial da Comarca do Rio de Janeiro/RJ.
25. Processo 1119642-14.2018.8.26.0100 da 2ª Vara de Falências e Recuperações Judiciais do Foro Central da Comarca de São Paulo/Capital.
26. Processo 0006422-55.2019.8.16.0017 da 4ª Vara Cível do Foro Central da Comarca de Maringá/PR.

ceiro e diretor de operações do grupo fossem escolhidos por empresas especializadas em recrutamento, objetivando a contratação de profissionais de mercado.[27]

A esse respeito, Marcelo Barbosa Sacramone e Alfredo Cabrini Souza e Silva fazem uma crítica asseverando que a ausência de readequação dos incentivos legais à realidade nacional, a fim de propiciar a negociação coletiva entre diversos agentes, prejudica a implementação dos mecanismos de governança corporativa como meio de soerguimento da empresa em crise:

> [...] a falta de incentivos legais impede que os credores possam exigir, na prática, que os mecanismos de governança corporativa fossem incluídos como meios de soerguimento à empresa em crise. Não apenas a liquidação forçada falimentar é uma alternativa economicamente inviável, como o conflito de interesses entre os próprios credores e o risco de responsabilização dificultam a apresentação de medidas que impliquem um modelo participativo dos órgãos de gestão da sociedade ou controles efetivos de sua condução.[28]

Em arremate, a disciplina legal que rege o procedimento de recuperação judicial permite, diante de casos específicos e expressamente previstos, a adoção de medidas unilaterais pelo Juízo concursal, visando ofertar maior publicidade aos atos da devedora com o intuito de obter melhor eficiência, segurança e credibilidade no processo de soerguimento da crise.

Contudo, é no âmbito negocial que predominam as manifestações volitivas das partes, um dos elementos axiológicos da norma cotejados quando de sua criação, uma vez que o procedimento, seja de recuperação judicial ou extrajudicial, foi concebido para assegurar a construção paritária das formas e instrumentos que não só ofertem maior segurança e confiança, mas principalmente a efetiva superação da crise, o cumprimento dos compromissos assumidos em sede de plano de recuperação, visando o respeito aos credores e a reflexa manutenção dos empregos.

Nesse contexto, seja consensual, de forma impositiva pelo juízo ou pelos próprios credores que podem inclusive apresentar um plano de recuperação judicial alternativo e aprová-lo, assegurando o cumprimento de seus termos, surge a possibilidade de intervir na gestão da empresa devedora, ou em construção gramatical diferenciada, oferecer uma contribuição para aperfeiçoamento da direção da sociedade em crise, visando seu efetivo soerguimento.

REFERÊNCIAS

CAMPINHO, Sérgio. *Falência e recuperação de empresa*. 9. ed. rev. e atual. São Paulo: Saraiva Jur, 2018.

CEREZETTI, Sheila Christina Neder. *A recuperação judicial de sociedade por ações*. O princípio da preservação da empresa na Lei de Recuperação e Falência. São Paulo: Malheiros, 2012.

---

27. Informações contidas em: SACRAMONE, Marcelo Barbosa; SILVA, Alfredo Cabrini Souza e. Governança corporativa como meio de recuperação judicial. In: CUNHA, Fernando Antonio Maia da; LAZZARESCHI NETO, Alfredo Sérgio. *Direito empresarial aplicado*. São Paulo: Quartier Latin, 2021. p. 272-273.
28. SACRAMONE, Marcelo Barbosa; SILVA, Alfredo Cabrini Souza e. Governança corporativa como meio de recuperação judicial. In: CUNHA, Fernando Antonio Maia da; LAZZARESCHI NETO, Alfredo Sérgio. *Direito empresarial aplicado*. São Paulo: Quartier Latin, 2021. p. 278.

DIAS, Leonardo Adriano Ribeiro. Comentários aos artigos 64 a 69. In: TOLEDO, Paulo Fernando Campos Salles de (Coord.). *Comentários à Lei de Recuperação de Empresas*. São Paulo: Thomson Reuters/RT, 2021.

FRANCO, Gustavo Lacerda. *A administração da empresa em recuperação judicial* – Entre a manutenção e o afastamento do devedor. São Paulo: Almedina, 2021.

MÜSSNICH, Franciso Antunes Maciel; SAVI, Sergio; WANDERLEY, Eduardo G.; YAZBEK, Natália. O novo sistema de recuperação extrajudicial. *In*: SALOMÃO, Luis Felipe; TARTUCE, Flávio; CARNIO, Daniel. *Recuperação de empresas e falência*: diálogos entre a doutrina e a jurisprudência. São Paulo: Atlas, 2021.

OLIVEIRA FILHO, Paulo Furtado (Coord.). *Lei de Recuperação e Falência*. Pontos relevantes e controversos da reforma pela lei 14.112/20. São Paulo: Editora Foco, 2021. v. 02.

SACRAMONE, Marcelo Barbosa. *Comentários a Lei de Recuperação de Empresas e Falência*. São Paulo: Saraiva, 2018.

SACRAMONE, Marcelo Barbosa; SILVA, Alfredo Cabrini Souza e. Governança corporativa como meio de recuperação judicial. *In*: CUNHA, Fernando Antonio Maia da; LAZZARESCHI NETO, Alfredo Sérgio. *Direito empresarial aplicado*. São Paulo: Quartier Latin, 2021.

SCALZILLI, João Pedro; SPINELLI, Luis Felipe; TELLECHEA, Rodrigo. Gestão judicial. *In*: SANTOS, Assione et al. *Transformações no direito de insolvência*. Estudos sob a perspectiva da reforma da Lei 11.101/2005. São Paulo: Quartier Latin, 2021.

SCALZILLI, João Pedro; SPINELLI, Luis Felipe; TELLECHEA, Rodrigo. *Recuperação de empresas e falência*. Teoria e prática na Lei 11.101/05. São Paulo: Almedina, 2016.

TOLEDO, Paulo Fernando Campos Salles de (Coord.). *Comentários à Lei de Recuperação de Empresas*. São Paulo: Thomson Reuters/ Revista dos Tribunais, 2021.

TOLEDO, Paulo Fernando Campos Salles de. Exame crítico do Projeto de Lei de Falências – "recuperação de empresa" ou "recuperação do crédito bancário". *Doutrinas essenciais*: direito empresarial, recuperação empresarial e falência. São Paulo: Ed. RT, 2011. v. VI.

TOLEDO, Paulo Fernando Campos Salles de; SATIRO, Francisco (Coord.). *Direito das empresas em crise*: problemas e soluções. São Paulo: Quartier Latin, 2012.

TOLEDO, Paulo Fernando Campos Salles de. A preservação da empresa, mesmo na falência. *Direito recuperacional*: aspectos teóricos e práticos. São Paulo: Quartier Latin, 2009.

Site consultado

https://commonslibrary.parliament.uk/research-briefings/cbp-8971/.

RECUPERAÇÃO JUDICIAL, CRISE, INSOLVÊNCIA E PRÉ-INSOLVÊNCIA: NECESSÁRIA REVISÃO CONCEITUAL

Sheila C. Neder Cerezetti
Professora do Departamento de Direito Comercial da Faculdade de Direito da Universidade de São Paulo.

Gustavo Lacerda Franco
Doutorando e Mestre em Direito Comercial pela Faculdade de Direito da Universidade de São Paulo, em que se graduou. Advogado.

Sumário: 1. Introdução – 2. O pressuposto objetivo da recuperação judicial: a crise econômico-financeira do devedor – 3. Crise econômico-financeira e estado de insolvência: conceitos distintos – 4. Os "mecanismos de pré-insolvência" e a recuperação judicial: uma aproximação possível e necessária – 5. Potenciais consequências da confusão conceitual entre a crise tratada na recuperação judicial e a insolvência: a importância da distinção realizada – 6. Considerações finais – 7. Referências.

1. INTRODUÇÃO

Não é incomum, muito embora impreciso, que a recuperação judicial seja associada à insolvência. Por vezes, na prática forense, a crise econômico-financeira que aquele instituto procura enfrentar é incorretamente confundida com o estado de insolvência.

Por influência de terminologia adotada em outros países, a própria disciplina jurídica da crise empresarial, frequentemente, é denominada "direito da insolvência", em detrimento da referência ao "direito das empresas em crise", expressão mais atualizada, abrangente e em linha com o conteúdo da Lei 11.101/2005 ("Lei de Recuperação e Falência" ou "LRF").

Como se não bastasse, mais um ingrediente foi recentemente trazido a esse imbróglio a partir do controverso apelo em prol da adoção, pelo direito concursal brasileiro,[1] de remédios de prevenção à insolvência, supostamente inspirados em experiências estrangeiras de valorização dos assim chamados "mecanismos de pré-insolvência".

---

1. Vide a esse respeito, por exemplo, a justificação conferida ao Projeto de Lei 1.397/2020, propondo a criação de "Sistema de Prevenção à Insolvência" e afirmando que "[o] sistema de reestruturação preventiva deverá, acima de tudo, permitir que os devedores se reestruturem efetivamente numa fase precoce e evitem a insolvência, evitando assim a liquidação desnecessária de empresas viáveis" (Disponível em: https://www.camara.leg.br/proposicoesWeb/prop_mostrarintegra;jsessionid=node015rjhoa0aica4uk12msqu5dim1867266.node0?codteor=1872397&filename=Tramitacao-PL+1397/2020. Acesso em: 06 abr. 2022, p. 9-11).

Essa imprecisão conceitual pode até ser inofensiva na oralidade dos profissionais que lidam rotineiramente com a matéria, mas é preciso cautela para que não contamine a técnica jurídica, gerando efeitos perniciosos à interpretação e aplicação de instrumentos voltados à superação de dificuldades empresariais. O receio ora apresentado não é injustificado e tampouco consiste em preocupação livresca.

A aproximação (ou não) entre a crise econômico-financeira a ser superada na recuperação judicial e o conceito de insolvência pode alterar substancialmente a compreensão sobre o pressuposto objetivo para que o devedor possa acessar tal procedimento. A depender do entendimento que se adote nesse ponto, a recuperanda pode sofrer consequências jurídicas relevantes, assim como o processo de recuperação judicial pode ser enquadrado e tratado de diferentes maneiras, inclusive como "mecanismo de pré-insolvência". A formulação de políticas públicas no âmbito do direito das empresas em crise, igualmente, pode ser afetada de modo severo por uma variação nas funções atribuídas à recuperação judicial.

Como se nota, os potenciais impactos da inexatidão conceitual em questão não são banais e encerram dificuldades práticas e teóricas. Assim, é tempo de elucidar a relação existente entre a recuperação judicial e a insolvência.

Mais precisamente, cumpre investigar se a crise, enquanto requisito necessário para o ajuizamento do pedido de recuperação judicial e para o deferimento do seu processamento, se confunde com o estado de insolvência, bem como aferir, então, se o processo recuperacional pode ser classificado como instrumento preventivo da insolvência, em terminologia que se tornou usual em outros ordenamentos.[2]

Ainda que de forma preliminar, este breve artigo dedica-se a esse propósito, iniciando-se pelo estudo do pressuposto objetivo da recuperação judicial a partir do texto legal. Em seguida, conhecendo-se as variadas posições doutrinárias e jurisprudenciais, busca-se identificar se e como ele se relaciona com o estado de insolvência. Posteriormente, serão evidenciados os principais contornos dos chamados "mecanismos de pré-insolvência", tendo em vista a possível classificação da recuperação judicial entre eles, em especial à luz da adoção da crise como pressuposto objetivo do instituto. Ao final, serão apresentadas as potenciais consequências da confusão conceitual narrada, as quais mostram a relevância da distinção estabelecida, tecendo-se ainda considerações conclusivas acerca do tema.

2. O PRESSUPOSTO OBJETIVO DA RECUPERAÇÃO JUDICIAL: A CRISE ECONÔMICO-FINANCEIRA DO DEVEDOR

A Lei de Recuperação e Falência não é pródiga ao dispor sobre o pressuposto objetivo do processo de recuperação judicial. Apesar disso, o seu art. 47 oferece uma diretriz importante.

---

2. A esse respeito, por exemplo, cf. a Diretiva (UE) 2019/1023 do Parlamento Europeu e do Conselho da União Europeia, estabelecendo regras relativas "[a]os regimes de reestruturação preventiva à disposição dos devedores com dificuldades financeiras, caso exista uma probabilidade de insolvência, destinados a evitar a insolvência e a garantir a viabilidade do devedor" (art. 1º). Esse diploma será abordado com maior profundidade no item 4, adiante.

Como estabelece o mencionado dispositivo, o objetivo da recuperação judicial é "(...) viabilizar a superação da situação de crise econômico-financeira do devedor, a fim de permitir a manutenção da fonte produtora, do emprego dos trabalhadores e dos interesses dos credores, promovendo, assim, a preservação da empresa, sua função social e o estímulo à atividade econômica".

A menção à situação de crise econômico-financeira do devedor é relevante, por denotar que, na ausência dessa circunstância, a recuperação judicial perderia a sua razão de ser. Evidencia-se que a crise econômico-financeira é o pressuposto objetivo do processo de recuperação, o qual, portanto, depende da existência daquela e busca promover a sua superação.

As disposições da LRF que dizem respeito aos requisitos que devem ser atendidos pelo devedor ao se socorrer da recuperação judicial e aos documentos que devem acompanhar a sua petição inicial não contrariam essa constatação e tampouco vão além dela.

O art. 48, *caput* e incisos, da LRF estabelece que, para requerer a recuperação judicial, o devedor precisa exercer regularmente suas atividades há mais de 2 anos, bem como não pode ser falido, não pode ter obtido a concessão de recuperação judicial há menos de 5 anos e não pode ter sido condenado ou ter como administrador ou sócio controlador pessoa condenada por crime falimentar. Nenhuma palavra, portanto, acerca das circunstâncias financeiras, econômicas ou patrimoniais do devedor.

O art. 51 da LRF, por sua vez, elenca quais informações e documentos devem instruir a petição inicial de recuperação judicial. Já no inciso I do dispositivo, indica-se que o pedido deve conter "a exposição das causas concretas da situação patrimonial do devedor e das razões da crise econômico-financeira".[3] Novamente, menciona-se a crise econômico-financeira do devedor, cuja situação patrimonial é citada no mesmo contexto.

As demais exigências gerais do art. 51 da LRF não trazem outras indicações relacionadas ao pressuposto objetivo do processo de recuperação.[4] Demanda-se, por exemplo, a apresentação de suas demonstrações contábeis (art. 51, II, da LRF), mas ela deve ocorrer independentemente do que evidenciem tais arquivos.

O deferimento do processamento da recuperação judicial, por fim, depende apenas da verificação, pelo juízo concursal, de que os requisitos subjetivos do art. 48 da LRF estão preenchidos e de que a documentação exigida pelo art. 51 da LRF foi adequadamente acostada aos autos (art. 52 da LRF).[5] Ainda que se estenda a análise ora empreendida ao regramento legal do plano de recuperação judicial (arts. 50 e 53 da LRF), nele não se encontra concepção destoante daquela extraída do art. 47 do diploma concursal.

---

3. Trata-se da causa de pedir, ou seja, dos fatos e fundamentos jurídicos do pedido, os quais se resumiriam, no processo de recuperação judicial, à crise econômico-financeira (SACRAMONE, Marcelo Barbosa. *Comentários à Lei de Recuperação de Empresas e Falência*. São Paulo: Saraiva, 2018, p. 231). Vide, na mesma direção, SCALZILLI, João Pedro; SPINELLI, Luis Felipe e TELLECHEA, Rodrigo. *Recuperação de empresas e falência* – Teoria e prática na Lei 11.101/2005. 3. ed. São Paulo: Almedina, 2018, cap. 11, item 1(b); e AYOUB, Luiz Roberto e CAVALLI, Cássio. *A construção jurisprudencial da recuperação judicial de empresas*. Rio de Janeiro: Forense, 2013, p. 92-93.
4. Em termos específicos, todavia, cumpre notar a disposição do art. 51, § 6º, I, que regula a particular situação de produtores rurais pessoas físicas e demanda a comprovação de "crise de insolvência" por tal agente, em opção alheia à orientação da LRF e criticável.
5. Que pode ser antecedida por "constatação prévia", na forma do art. 51-A da LRF.

Conclui-se, dessa forma, que a situação de crise econômico-financeira do devedor foi o único parâmetro geral de ordem econômica, financeira e patrimonial estabelecido pelo legislador brasileiro ao estruturar o acesso ao sistema da recuperação judicial.[6] Nesse panorama, cabe entender como a doutrina e a jurisprudência interpretam esse pressuposto. E, claro, se o identificam com a noção de estado de insolvência. É o que se procura fazer no item seguinte.

3. CRISE ECONÔMICO-FINANCEIRA E ESTADO DE INSOLVÊNCIA: CONCEITOS DISTINTOS

Pelo exposto no item anterior, resta claro que a LRF adotou como pressuposto objetivo da recuperação judicial a presença de crise econômico-financeira. O legislador não cuidou, porém, de atribuir sentido material à expressão.

Uma análise atenta das lições doutrinárias acerca do assunto estudado, todavia, revela que não há identidade entre os conceitos de crise econômico-financeira e de estado de insolvência.

Nesse campo, nota-se que parcela dos autores, ao abordar o tema, refere-se somente à crise econômico-financeira do devedor, refletindo a orientação da LRF.[7] Alguns outros, todavia, aprofundam-se no exame da matéria, buscando definir em que consiste, afinal, a situação de crise. Nessa esteira, de forma muito correta, procura-se geralmente conferir à crise econômico-financeira uma leitura bastante ampla, de modo que poderia abarcar desde a falta de liquidez temporária até situações mais graves, reveladoras de desequilíbrio patrimonial adverso, passando ainda por dificuldades de outras ordens além da financeira.

Mais especificamente, a doutrina inclui no conceito de crise adotado pela LRF situações tão diversas quanto (i) a iliquidez, inclusive em caráter temporário;[8] (ii) a falta de recursos pela impossibilidade de gerar rendas a partir do ativo empresarial;[9] (iii) o inadimplemento de obrigação pecuniária;[10] (iv) adversidades momentâneas dos negócios;[11]

---

6. Havendo até quem a considere uma "condição da ação de recuperação" (OLIVEIRA FILHO, Paulo Furtado de. O exame da competência e das condições da ação de recuperação judicial. In: WAISBERG, Ivo e RIBEIRO, José Horácio Halfeld Rezende (Org.). *Temas de direito da insolvência* – Estudos em homenagem ao Professor Manoel Justino Bezerra Filho. São Paulo, IASP, 2017, p. 931-932).
7. Vide, nessa esteira, BEZERRA FILHO, Manoel Justino. *Lei de recuperação de empresas e falências*: Lei 11.101/2005 comentada artigo por artigo. 11. ed. São Paulo: Ed. RT, 2016, p. 155.
8. Vide, nessa direção, SACRAMONE, Marcelo Barbosa. *Comentários à Lei de Recuperação de Empresas e Falência* cit., p. 188 e 231; SZTAJN, Rachel. Comentários ao Capítulo III, Seção III da Lei 11.101/2005. In: SOUZA JUNIOR, Francisco Satiro de e PITOMBO, Antônio Sérgio Altieri de Moraes (Coord.). *Comentários à Lei de Recuperação de Empresas e Falência* – Lei 11.101/2005. 2. ed. São Paulo: Ed. RT, 2007, p. 232; CAMPINHO, Sérgio. *Curso de Direito Comercial*: Falência e recuperação de empresa – O novo regime da insolvência empresarial. 11. ed. São Paulo: Saraiva, 2020, p. 129-130; PACHECO, José da Silva. *Processo de recuperação judicial, extrajudicial e falência*. 4. ed. Rio de Janeiro: Forense, 2013, p. 12; LOBO, Jorge. Comentários ao Art. 47. In: TOLEDO, Paulo F. C. Salles de e ABRÃO, Carlos Henrique. *Comentários à Lei de Recuperação de Empresas e Falência*. 3. ed. São Paulo: Saraiva, 2009, p. 129; e NEGRÃO, Ricardo. *Aspectos objetivos da lei de recuperação de empresas e de falências*. 4. ed. São Paulo: Saraiva, 2010, item 7.4. do Capítulo 1.
9. CAMPINHO, Sérgio. *Curso de Direito Comercial* cit., p. 129-130.
10. LOBO, Jorge. *Comentários ao Art. 47* cit., p. 129.
11. PACHECO, José da Silva. *Processo de recuperação judicial* cit., p. 12.

(v) a insolvência;[12] (vi) a insolvabilidade;[13] (vii) a verificação de que as circunstâncias patrimoniais reclamam uma readequação planejada das atividades empresariais;[14] e (viii) dificuldades originadas em aspectos administrativos, gerenciais, estruturais, operacionais, societários, sucessórios etc.[15]

Isso significa que estariam abarcadas pela concepção de crise da LRF, por exemplo, dificuldades empresariais consistentes (i) na falta momentânea de recursos disponíveis para adimplir as obrigações vincendas a tempo, mesmo na presença de situação patrimonial balanceada, em circunstância de solução mais simples; (ii) na superação do ativo pelo passivo somada à inaptidão do negócio para gerar novos ganhos e viabilizar uma reversão de cenário, a revelar circunstância mais grave; e (iii) na existência de intensos desafios gerenciais ou societários a refletirem negativamente nas operações do devedor, demandando a implementação de medidas estruturais de reorganização.

Evidencia-se, a essa altura, que dizer que uma empresa está em crise pode ter significados muito distintos, ganhando contornos econômicos, financeiros ou patrimoniais que nem sempre se apresentam em conjunto.[16] De todo modo, é fácil perceber que a situação de crise econômico-financeira não se confunde com o estado de insolvência.[17] A sobreposição de sentido entre as duas expressões, aliás, representaria incoerência com o próprio objetivo inspirador da adoção do instituto da recuperação judicial. De pouco adiantaria prever mecanismo voltado a reestruturar passivos e organizações de forma a evitar a falência caso se adotasse, como requisito para seu início, justamente aquele que corresponde a dificuldades mais pervasivas e que poderiam justificar o recurso ao instrumento liquidatório.[18]

Embora ambos – crise e insolvência – possam caminhar juntos, muitas vezes não o farão. E a LRF se refere apenas à crise como pressuposto para o acesso à recuperação

---

12. Vide, nessa esteira, SACRAMONE, Marcelo Barbosa. *Comentários à Lei de Recuperação de Empresas e Falência* cit., p. 231; SZTAJN, Rachel. *Comentários ao Capítulo III* cit., p. 232; CAMPINHO, Sérgio. *Curso de Direito Comercial* cit., p. 129-130; PACHECO, José da Silva. *Processo de recuperação judicial* cit., p. 12; e LOBO, Jorge. *Comentários ao Art. 47* cit., p. 129. Deve-se notar, todavia, que a expressão "insolvência" carrega sentidos diversos, de modo que nem sempre os autores que a empregam estão tratando da mesma hipótese. O tema será abordado com profundidade adiante, ainda neste item.
13. SZTAJN, Rachel. *Comentários ao Capítulo III* cit., p. 232.
14. PACHECO, José da Silva. *Processo de recuperação judicial* cit., p. 12.
15. LOBO, Jorge. *Comentários ao Art. 47* cit., p. 129.
16. COELHO, Fábio Ulhoa. *Comentários à Lei de Falências e de Recuperação de Empresas*. 9. ed. São Paulo: Saraiva, 2013, item 8. O autor, contudo, indica que, em sua visão, uma sociedade está em crise após a manifestação das três formas, ou seja, a econômica, a financeira e a patrimonial. Ressalta, ainda, que a insolvência estaria incluída na última dessas três esferas.
17. Em sentido contrário, aproximando o conceito de insolvência ao de "dificuldades de natureza financeira", vide TOLEDO, Paulo Fernando Campos Salles de e PUGLIESI, Adriana V. Insolvência e crise das empresas. In: CARVALHOSA, Modesto (Coord.). *Tratado de Direito Empresarial*. 2. ed. São Paulo: Ed. RT, 2018, v. 5, p. 33.
18. Nessa direção, vide o Parecer do Deputado Osvaldo Biolchi acerca do Projeto de Lei 4.376/1993, que se converteu na Lei 11.101/2005, afirmando que "[c]onvencidos dessa função social e de que eventuais crises que ameacem a sobrevivência da empresa não se resolverão simplesmente pelo equacionamento dos direitos dos credores, porque os problemas daí decorrentes se refletem no campo econômico e social, enfatizamos no presente Substitutivo a recuperação judicial da empresa, como um instituto autônomo e independente da liquidação judicial. A recuperação judicial deve ocorrer, não porque foi decretada a liquidação, mas, exatamente, para evitá-la. A prevalecer a legislação atual, ou se acolhido o que está proposto no PL 4.376/93, a recuperação seria praticamente inócua, ineficaz e ineficiente, como tem se verificado majoritariamente nos processos de concordata" (*Diário da Câmara dos Deputados* – Suplemento, 3 de dezembro de 1999, p. 181).

judicial, havendo até mesmo quem defenda que esse diploma legal, ao contrário de legislações estrangeiras, não teria optado pela delimitação de requisito objetivo de natureza econômica para a formulação do pedido de recuperação.[19]

A jurisprudência que se construiu sobre o pressuposto objetivo da recuperação judicial, desde 2005, também se ampara na noção de crise econômico-financeira, não recorrendo à ideia de insolvência.[20] Cumpre destacar que isso não se altera mesmo quando os juízos concursais e as turmas julgadoras dos Tribunais adotam perspectivas diferentes acerca dos limites a serem observados pelo Poder Judiciário na verificação dessa situação de crise.

Com efeito, encontram-se julgados reconhecendo que o deferimento do processamento da recuperação judicial deve se pautar somente pela constatação formal do atendimento, pelo devedor, aos requisitos subjetivos do art. 48 e das exigências do art. 51 da LRF.[21] As circunstâncias econômico-financeiras da recuperanda e a possibilidade de sua

---

19. MUNHOZ, Eduardo Secchi. Pressupostos da recuperação judicial. In: COELHO, Fábio Ulhoa (Coord.). *Tratado de direito comercial*. São Paulo, Saraiva, 2015, v. 7, p. 171.
20. Na jurisprudência do Superior Tribunal de Justiça, a centralidade da crise econômico-financeira superável como fundamento para o pedido de recuperação judicial fica bastante clara. Vejam-se nessa direção, por exemplo, STJ, REsp 1.299.981/SP, Terceira Turma, Rela. Mina. Nancy Andrighi, j. 11.06.2013 (considerando que "(...) a recuperação judicial – instituto que concretiza os fins almejados pelo princípio da preservação da empresa – constitui processo ao qual podem se submeter empresários e sociedades empresárias que atravessam situação de crise econômico-financeira, mas cuja viabilidade de soerguimento, considerados os interesses de empregados e credores, se mostre plausível"); e STJ, CC 157.022/DF, Segunda Seção, Rel. Min. Moura Ribeiro, j. 13.05.2020 (afirmando que "(...) a recuperação judicial tem por objetivo tornar efetiva a função social a ser exercida pela empresa e constitui processo ao qual podem se submeter empresários e sociedades empresárias que atravessam situação de crise econômico-financeira, mas cuja viabilidade de soerguimento, considerados os interesses de empregados e credores, se mostre plausível").
21. Vejam-se, por exemplo, os seguintes julgados: TJSP, Apelação Cível 1015844-90.2019.8.26.0071, 1ª Câmara Reservada de Direito Empresarial, Rel. Des. Pereira Calças, j. 16.09.2020 (afirmando que o deferimento do processamento da recuperação judicial "(...) se condiciona apenas à verificação da presença dos requisitos objetivos dos artigos 48 e 51 da Lei 11.101/05" e reputando descabida a "(...) imposição de realização de perícia prévia de ofício pelo Juízo "a quo" para a constatação da viabilidade econômica do grupo empresarial e a efetiva capacidade de superação da crise"); TJSP, Apelação 1052564-37.2017.8.26.0100, 2ª Câmara Reservada de Direito Empresarial, Rel. Des. Grava Brazil, j. 25.06.2018 (que afastou o indeferimento da petição inicial de recuperação judicial, diante da suposta ausência de crise econômica do devedor, afirmando que a análise pelo juízo concursal deveria se restringir "aos requisitos formais (arts. 48 e 51, da LRF)" e indicando que caberia aos credores apreciar o pleito); TJSP, Agravo de Instrumento 2147432-96.2017.8.26.0000, 2ª Câmara Reservada de Direito Empresarial, Rel. Des. Araldo Telles, j. 13.11.2017 (dispondo que "(...) os requisitos para o deferimento do processamento – não a concessão da recuperação judicial – são objetivos e estão previstos nos incisos do art. 51 da Lei 11.101/2005", bem como que a crise "(...) justifica o remédio legal"); TJSP, Agravo de Instrumento 2232856-43.2016.8.26.0000, 2ª Câmara Reservada de Direito Empresarial, Rel. Des. Alexandre Marcondes, j. 03.08.2017 (sustentando que o "(...) processamento da recuperação que se condiciona apenas à verificação da presença dos requisitos objetivos dos arts. 48 e 51 da Lei 11.101/05", de modo que a presença ou não de crise superável seria apreciada pelos credores); TJSP, Agravo de Instrumento 2190476-05.2016.8.26.0000, 2ª Câmara de Direito Empresarial, Rel. Des. Claudio Godoy, j. 02.03.2017 (dizendo que "(...) atendidos os requisitos objetivos impostos pelo art. 51 da Lei 11.101/05, descabe pronta aferição judicial da viabilidade econômica da recuperação judicial requerida, incumbindo esta aferição, oportunamente, aos próprios credores afetados pelo plano que se vier a apresentar"); TJSP, Agravo de Instrumento 2158943-28.2016.8.26.0000, 1ª Câmara Reservada de Direito Empresarial, Rel. Des. Francisco Loureiro, j. 08.02.2017 (apontando que a irresignação quanto à decisão de deferimento do processamento da recuperação judicial "(...) pode apenas ter a finalidade limitada de discutir os pressupostos da fase postulatória, quais sejam, a legitimidade e instrução com os documentos exigidos no art. 51 da Lei 11.101/2005"); e TJSP, Agravo de Instrumento 994.09.282242-5, Câmara Reservada à Falência e Recuperação, Rel. Des. Pereira Calças, j. 06.04.2010 (asseverando que "esta Câmara Reservada à Falência e Recuperação tem diversos precedentes no sentido de que, apresentada a petição inicial de recuperação judicial com todos os documentos exigidos pelo artigo

superação, então, seriam avaliadas pela coletividade de credores em momento posterior do processo. Vale notar que, de acordo com essa visão, seria possível até mesmo que, na prática, sociedade empresária sem dificuldades econômico-financeiras buscasse acessar a recuperação judicial, ainda que posteriormente sofresse consequências da iniciativa, a exemplo da rejeição do plano pela assembleia geral de credores.

Para outra corrente jurisprudencial, afigura-se adequado que o juízo concursal possa avaliar a existência ou não de crise econômico-financeira na atividade do devedor antes de deferir o processamento do pedido de recuperação judicial.[22] Segundo o raciocínio compartilhado pelos seus defensores, ainda que a viabilidade da atividade empresarial exercida pelo devedor deva ser objeto de apreciação pelo conclave de credores, a presença de crise econômico-financeira é imprescindível para que o pedido de recuperação judicial possa ser processado, competindo ao juízo concursal examinar, de início, sua ocorrência.

Fato é que, independentemente da corrente adotada, a jurisprudência é uniforme quanto à consideração da crise econômico-financeira como pressuposto do processo de recuperação judicial. Ao se apoiar sobre a figura da crise, a jurisprudência corretamente não a aproxima daquela conhecida como estado de insolvência.

Em resumo, assim, o deferimento do processamento da recuperação judicial fundamenta-se justamente na crise econômico-financeira e não envolve qualquer perquirição ou afirmação acerca da insolvência. Compreender de maneira mais minuciosa como se delineia o conceito de insolvência no ordenamento jurídico brasileiro apenas reforça essa conclusão.

51, da Lei 11.101/2005, deve o juiz realizar exame formal da documentação e, estando ela em ordem, deferir o processamento. Tem sido proclamado que não compete ao juiz aferir a realidade das informações financeiras e contábeis que a devedora anexa à exordial, tema que se insere na esfera de atuação da Assembleia-Geral de Credores, do Administrador Judicial, na fase preliminar do pedido").

22. Confiram-se, por exemplo, os julgados a seguir elencados: TJSP, Apelação 1052564-37.2017.8.26.0100, 2ª Câmara Reservada de Direito Empresarial, Des. Ricardo Negrão (voto vencido), j. 25.06.2018 (afirmando que "(...) o processo recuperatório não se destina a obter melhores taxas de juros ou a prevenir situações futuras, mas a debelar crise econômico-financeira instalada" e opinando pela manutenção da decisão de primeira instância que havia indeferido petição inicial de recuperação judicial, pois o devedor teria deixado "(...) de trazer elementos essenciais à constatação de crise econômico-financeira"); TJSP, Processo 1069420-76.2017.8.26.0100, 2ª Vara de Falências e Recuperações Judiciais, Juiz prolator Paulo Furtado de Oliveira Filho, j. 21.07.2017 (considerando que "observa Ricardo Negrão que a lei brasileira não definiu crise econômico-financeira, o que dá ampla margem ao devedor na definição do seu estado (A eficiência do processo judicial na recuperação da empresa, ed. Saraiva, 2010, p. 121/122), mas isso não impede o juiz de verificar se os fatos narrados na inicial e os documentos apresentados indicam real estado de crise que justifique o processamento do pedido de recuperação judicial"); e TJSP, Agravo de Instrumento 2218060-47.2016.8.26.0000, 2ª Câmara Reservada de Direito Empresarial, Rel. Des. Fabio Tabosa, j. 12.06.2017 (defendendo que "(...) o requerente da recuperação deve, na petição inicial, expor as "causas concretas da situação patrimonial" e as "razões da crise econômico-financeira" (art. 51, I), justificando assim a necessidade do benefício, fundamentalmente porque destinado esse aos devedores em crise econômico-financeira, como instrumento para a preservação da empresa e dos demais valores referidos no art. 47 da Lei 11.101/2005. Evidentemente, a profundidade da crise e sua própria realidade poderão ser analisados mais eficazmente pelo Administrador Judicial e pelos credores, mas não há dúvida de que o juiz, apercebendo-se desde logo inexistir situação de tal ordem, bem como não ser a recuperação instrumento necessário ao cumprimento das obrigações e preservação da empresa, não deve deferir o processamento, pelo simples motivo de inexistir aí causa jurídica legítima a motivar sequer o início do processo de recuperação, com todas as implicações que traz para os credores. Fala-se por sinal, com frequência, não caber ao juiz, no despacho de processamento, analisar as chances de sobrevivência ou a viabilidade da empresa, mas em sentido inverso do ora tratado; não se está aqui abordando as chances de sucesso da recuperação com vistas a essa preservação, mas no extremo oposto a simples inexistência objetiva de razões para seu deferimento").

No art. 748 do Código de Processo Civil de 1973, conferiu-se à insolvência a seguinte definição: "Dá-se a insolvência toda vez que as dívidas excederem à importância dos bens do devedor".[23] No âmbito da disciplina legal da insolvência civil, portanto, estabeleceu-se um conceito clássico de insolvência, relacionado ao déficit patrimonial.[24]

Ocorre que, em sede doutrinária, a caracterização da insolvência não se limita à reafirmação dos seus contornos legais. Entre os que detalham o assunto encontra-se Fábio Konder Comparato, ao afirmar que a "(...) insolvência é o inadimplemento qualificado pela falta de razão de direito", enquanto a inaptidão econômica a adimplir, em razão da deficiência patrimonial ou da falta de meios líquidos para cumprir a prestação, é chamada pelo autor de insolvabilidade.[25] Na mesma esteira, reputando insolvência o inadimplemento sem razões relevantes para tanto, estão as considerações de Pontes de Miranda acerca da matéria.[26] Para Araken de Assis, o próprio art. 748 do Código de Processo Civil de 1973 estaria definindo, na verdade, a insolvabilidade, apesar da alusão expressa à insolvência.[27-28]

Verifica-se, claramente, que a insolvência não é uma expressão inequívoca, comportando diferentes sentidos. Mais claro do que isso, todavia, é o fato de que nenhum dos significados aventados para ela se identifica com a noção de crise econômico-financeira. No direito das empresas em crise brasileiro, para além de disposições específicas relativas ao produtor rural pessoa física e à insolvência transnacional, seu emprego é verificado, quando muito, em processos de falência.[29]

Desse modo, pode até ser que uma sociedade empresária decida requerer sua recuperação judicial com base na existência de déficit patrimonial ou de inadimplementos juridicamente injustificáveis. Contudo, é fundamental reiterar que tais situações não são pressupostos para o ajuizamento da recuperação judicial e para o deferimento do seu processamento.[30] Como amplamente demonstrado acima, o conceito de crise eco-

---

23. No mesmo sentido, vide o art. 955 do Código Civil, a dispor que "[p]rocede-se à declaração de insolvência toda vez que as dívidas excedam à importância dos bens do devedor".
24. A despeito do surgimento de um novo Código de Processo Civil brasileiro, em 2015, o regramento mencionado persiste vigente, pois o art. 1.052 daquele dispõe que "até a edição de lei específica, as execuções contra devedor insolvente, em curso ou que venham a ser propostas, permanecem reguladas pelo Livro II, Título IV, da Lei 5.869, de 11 de janeiro de 1973."
25. COMPARATO, Fabio Konder. *O seguro de crédito*: estudo jurídico. São Paulo: Ed. RT, 1968, p. 47.
26. PONTES DE MIRANDA, Francisco Cavalcanti. *Tratado de Direito Privado, Parte Especial*. Rio de Janeiro, Borsoi, 1971, v. XXVII, p. 6-7.
27. ASSIS, Araken de. *Manual da execução*. 19. ed. São Paulo: Ed. RT, 2017, p. 1.253.
28. Para outros significados atribuídos à insolvência, mais recentes e menos comuns, vide DIAS, Leonardo Adriano Ribeiro. *Financiamento na recuperação judicial e na falência*. São Paulo: Quartier Latin, 2014, p. 33.
29. E, mesmo assim, com sentido bastante próprio. Veja-se, nessa esteira, a observação de que "(...) os dois sistemas de execução por concurso universal existentes no direito pátrio – insolvência civil e falência –, entre outras diferenças, distanciam-se um do outro no tocante à concepção do que seja estado de insolvência, necessário em ambos. O sistema falimentar, ao contrário da insolvência civil (art. 748 do CPC), não tem alicerce na insolvência econômica. (...) O pressuposto para a instauração de processo de falência é a insolvência jurídica, que é caracterizada a partir de situações objetivamente apontadas pelo ordenamento jurídico. No caso do direito brasileiro, caracteriza a insolvência jurídica, nos termos do art. 94 da Lei n. 11.101/2005, a impontualidade injustificada (inciso I), execução frustrada (inciso II) e a prática de atos de falência (inciso III)" (STJ, REsp 1.433.652/RJ, Quarta Turma, Rel. Min. Luis Felipe Salomão, j. 18.09.2014).
30. É o que também entendem Deborah Kirschbaum (*A recuperação judicial no Brasil*: governança, financiamento extraconcursal e votação do plano, Tese (Doutorado) – Faculdade de Direito da Universidade de São Paulo, São Paulo, 2009, p. 18) e DIAS, Leonardo Adriano Ribeiro. *Financiamento na recuperação judicial e na falência* cit., p. 33.

nômico-financeira é muito mais abrangente e pode ter inúmeras origens, manifestando-se inclusive na ausência do estado de insolvência do devedor, em qualquer dos seus possíveis sentidos.

Não à toa, os meios de recuperação elencados de maneira exemplificativa no art. 50 da LRF, bastante diversos entre si, podem ser empregados para a resolução de crises econômico-financeiras com as mais variadas características.[31]

Chega-se, portanto, à resposta adequada para a indagação formulada a princípio: não há identidade entre os conceitos de crise econômico-financeira (pressuposto objetivo para o pedido de recuperação judicial) e de estado de insolvência.

Resta entender se há e qual seria a relação entre a recuperação judicial e o conceito de mecanismo de pré-insolvência, tal qual delineado recentemente em ordenamentos estrangeiros. Dedica-se o item seguinte a essa tarefa.

4. OS "MECANISMOS DE PRÉ-INSOLVÊNCIA" E A RECUPERAÇÃO JUDICIAL: UMA APROXIMAÇÃO POSSÍVEL E NECESSÁRIA

Nos últimos anos, o direito das empresas em crise tem presenciado movimento internacional no sentido da adoção dos chamados mecanismos "de pré-insolvência" ou "preventivos de insolvência" por diversas jurisdições.[32] A eventual classificação de um instrumento entre tais procedimentos demanda, naturalmente, a compreensão sobre quais elementos os caracterizam.

Nesse sentido, a doutrina tem procurado delinear algumas respostas. Em primeiro lugar, nota-se que os mecanismos de pré-insolvência costumam ser alocados no âmbito de instrumentos de reestruturação.[33-34] Ademais, os devedores que deles poderiam se socorrer não seriam, ainda, formalmente insolventes.[35] Além disso, esses instrumentos geralmente conteriam ferramentas disponíveis em processos concursais, mas nem todas elas (quando já não estruturados como processos concursais formais, marcados por maior

---

31. Pense-se, por exemplo, em hipótese na qual uma sociedade empresária não esteja em evidente situação de déficit patrimonial, ainda não tenha inadimplido suas obrigações vencidas, mas venha sofrendo prejuízos recorrentes nos últimos anos e enfrente perspectiva bastante negativa para seu setor de atuação no futuro próximo. Em tal contexto, é plenamente possível que essa sociedade entenda estar em crise econômico-financeira e procure acessar a recuperação judicial para, com o apoio da maioria dos seus credores, adotar medidas que a preparem melhor para os próximos tempos, abarcando cenários de reestruturação financeira (art. 50, I), reestruturação societária (art. 50, II) ou venda de ativos (art. 50, VII e XI) dotados de maior segurança jurídica.
32. MEVORACH, Irit e WALTERS, Adrian. The characterization of pre-insolvency proceedings in private international law. *European Business Organization Law Review* 21 (2020), p. 856; e GURREA-MARTINEZ, Aurelio. The future of reorganization procedures in the era of pre-insolvency law. *European Business Organization Law Review* 21 (2020), item 1 (o autor menciona, nesse sentido, iniciativas de Cingapura, do Reino Unido e da União Europeia).
33. Não à toa, refere-se à legislação concernente à situação de pré-insolvência como "turnaround or reorganization legislation" (WESTBROOK, Jay Lawrence et al. *A global view of business insolvency systems*. Leiden-Boston, The World Bank-Martinus Nijhoff Publishers, 2010, p. 229).
34. GURREA-MARTINEZ, Aurelio. The future of reorganization procedures in the era of pre-insolvency law cit., item 1; e MEVORACH, Irit e WALTERS, Adrian. The characterization of pre-insolvency proceedings in private international law cit., pp. 858 e 861.
35. MEVORACH, Irit e WALTERS, Adrian. The characterization of pre-insolvency proceedings in private international law cit., p. 858 e 861; e GURREA-MARTINEZ, Aurelio. The future of reorganization procedures in the era of pre-insolvency law cit., item 1.

intervenção judicial).³⁶ A possibilidade de manutenção do devedor e da administração preexistente em suas posições também seria frequente nos procedimentos discutidos.³⁷

Em termos mais concretos, os mecanismos de pré-insolvência poderiam abarcar desde procedimentos não enquadrados formalmente entre os processos concursais e que somente disponibilizam aos devedores uma ou algumas ferramentas próprias destes, a exemplo da possibilidade de impor um plano a credores dissidentes dentro de uma classe, até procedimentos classificados entre os processos concursais e que fornecem ferramentas típicas de processos de reorganização formais, mas que não exigem o estado de insolvência do devedor como requisito financeiro de acesso ao sistema.³⁸

A Diretiva (UE) 2019/1023 do Parlamento Europeu e do Conselho da União Europeia,³⁹ que estabelece regras relativas aos "(...) regimes de reestruturação preventiva à disposição dos devedores com dificuldades financeiras, caso exista uma probabilidade de insolvência, destinados a evitar a insolvência e a garantir a viabilidade do devedor" (art. 1º do diploma), entre outras matérias relacionadas, simboliza a atual inclinação internacional à criação de mecanismos de pré-insolvência e oferece bons exemplos dos elementos neles presentes.⁴⁰

No seu art. 4º, a Diretiva aponta que, em havendo "probabilidade de insolvência", deve-se assegurar aos devedores o acesso a um regime de reestruturação preventiva, sem prejuízo de outros remédios destinados a evitar a insolvência, de modo a proteger os postos de trabalho e manter a atividade empresarial. Previamente, em seu art. 2º, o documento define "reestruturação" como "as medidas que visam a reestruturação da empresa do devedor que incluam a alteração da composição, das condições ou da estrutura do ativo e do passivo de um devedor, ou de qualquer outra parte da estrutura de capital do devedor, como a venda de ativos ou de partes da atividade e, se o direito nacional assim o previr, a venda da empresa em atividade, bem como quaisquer alterações operacionais que se afigurem necessárias, ou uma combinação destes elementos".

Nos processos preventivos estimulados pela Diretiva, entre outros fatores, (i) busca-se que os devedores mantenham, em regra, controle total ou ao menos parcial dos seus ativos e do exercício corrente da sua atividade, possibilitando-se a nomeação de um

---

36. GURREA-MARTINEZ, Aurelio. The future of reorganization procedures in the era of pre-insolvency law cit., itens 1 e 2.1.
37. MEVORACH, Irit e WALTERS, Adrian. The characterization of pre-insolvency proceedings in private international law cit., p. 861.
38. GURREA-MARTINEZ, Aurelio. *The future of reorganization procedures in the era of pre-insolvency law* cit., item 1. Na mesma linha, apontando-se que "(...) pre-insolvency proceedings have certain core characteristics but that, rather than necessarily standing alone, they may nest within broader, hybrid, multi-purpose proceedings – something akin to a matryoshka doll where a smaller figure nests inside a larger figure", cf. MEVORACH, Irit e WALTERS, Adrian. *The characterization of pre-insolvency proceedings in private international law* cit., p. 860.
39. Disponível em: https://eur-lex.europa.eu/legal-content/PT/TXT/PDF/?uri=CELEX:32019L1023&from=PT. Acesso em: 26 abr. 2022. Acerca do contexto que gerou a Diretiva analisada, vide WESSELS, Bob. *Europa*: a caminho de um quadro jurídico harmonizado de reestruturação preventiva. *Cadernos FGV Projetos* 33 (2018), p. 32-43; e GHIO, Emilie. Transposing the preventive restructuring directive 2019 into French insolvency law: Rethinking the role of the judge and rebalancing creditors' rights. *Int'l Insolvency Rev.* 30 (2021), p. 55.
40. A diretiva europeia, contudo, também é objeto de críticas, pois teria deixado de regular adequadamente aspectos relevantes do modelo proposto, como a jurisdição internacional, o reconhecimento do procedimento e o direito aplicável (SCHMIDT, Jessica. Preventive restructuring frameworks: jurisdiction, recognition and applicable law. *Int'l Insolvency Rev.* 31 (2022), p. 81-100).

profissional com funções de auxílio, supervisão ou mesmo gestão em certos casos (art. 5º); (ii) procura-se estabelecer período de suspensão de medidas de execução dirigidas contra o devedor, a fim de apoiar as negociações do plano de reestruturação (art. 6º); (iii) exige-se que os planos de reestruturação apresentem conteúdo mínimo, inclusive as suas "condições" e uma série de informações relevantes (art. 8º); (iv) prevê-se que as partes afetadas pelo plano negociado terão direito de votar acerca da sua adoção, por maioria (art. 9º); (v) viabiliza-se a superação do veto de categoria de credores à proposta votada na presença de certos requisitos (art. 11º); e (vi) propicia-se que os planos de reestruturação confirmados por uma autoridade judicial ou administrativa vinculem todas as partes afetadas (art. 15º).

Os fatores elencados indicam que o regime de reestruturação preventiva almejado pelos europeus se aproxima, sobremaneira, de já consagrados instrumentos de reorganização, por vezes também tratados como mecanismos de recuperação ou de reabilitação.[41] Em especial, percebe-se uma similaridade notável com o modelo do *Chapter 11* do *Bankruptcy Code* americano,[42] cuja influência no desenvolvimento de processos de pré-insolvência, em nível global, é realçada em sede doutrinária.[43]

Realmente, um processo de reorganização disciplinado pelo mencionado *Chapter 11* pode servir como mecanismo de pré-insolvência, ainda que se insira em moldura mais ampla e formal.[44] O mesmo se pode dizer de procedimentos análogos existentes em outras nações.

A eventual estruturação de mecanismos marcados por maior informalidade e especificamente dedicados a tutelar uma crise ainda incipiente, portanto, não retira dos procedimentos de recuperação mais tradicionais a aptidão para atuar, igualmente, no panorama pré-insolvência (a depender do seu pressuposto objetivo, é claro).[45] Como destacado pela doutrina, a categoria de mecanismos de pré-insolvência abrange múltiplas possibilidades.[46]

---

41. FRANCO, Gustavo Lacerda. *A administração da empresa em recuperação judicial* – Entre a manutenção e o afastamento do devedor. São Paulo: Almedina, 2021, p. 26-27.
42. EHMKE, David Christoph et al. The European Union preventive restructuring framework: A hole in one? *Int'l Insolvency Rev.* 28 (2019), p. 205.
43. MEVORACH, Irit e WALTERS, Adrian. *The characterization of pre-insolvency proceedings in private international law* cit., p. 863.
44. GURREA-MARTINEZ, Aurelio. *The future of reorganization procedures in the era of pre-insolvency law* cit., item 1. Na mesma direção, afirmando que "(...) chapter 11 is a hybrid of a pre-insolvency restructuring proceeding and a formal rehabilitation procedure", cf. MEVORACH, Irit e WALTERS, Adrian. The characterization of pre-insolvency proceedings in private international law cit., p. 864.
45. O direito concursal francês bem exemplifica essa asserção, promovendo a convivência do *mandat ad hoc* e da *conciliation*, considerados processos preventivos e reservados a devedores não insolventes, com o *procédure de sauvegarde*, que teria sido desenvolvido à luz do modelo americano de reorganização (EHMKE, David Christoph et al. The European Union preventive restructuring framework: A hole in one?, *Int'l Insolvency Rev.* 28 (2019), p. 191). Para mais detalhes sobre os instrumentos de pré-insolvência da França, vide KASTRINOU, Alexandra. Comparative analysis of the informal pre-insolvency procedures of the UK and France. *Int'l Insolvency Rev.* 25 (2016), p. 100-111; e GHIO, Emilie. Transposing the preventive restructuring directive 2019 into French insolvency law cit., pp. 54-74.
46. Nessa esteira, Irit Mevorach e Adrian Walters afirmam que "(...) there is blurriness in domestic legislative offerings – in other words, there are plenty of examples of hybrid proceedings that can function both as pre-insolvency restructuring proceedings and as formal rehabilitation proceedings that insolvent debtors and their creditors can use to salvage value at points further down the demise curve" (The characterization of pre-insolvency proceedings in private international law cit., p. 859-860).

Como visto no item anterior, a recuperação judicial brasileira pode ser, também, empregada em cenários pré-insolvência. Aliás, isso seria o ideal. O pressuposto da crise econômico-financeira, como visto, não se confunde com a situação de insolvência, muito mais restrita. Na ótica da LRF, o devedor insolvente pode estar em crise, mas nem sempre o devedor em crise estará insolvente, podendo estar diante de dificuldades com menor gravidade ou mesmo de outras ordens e procurar sua superação em sede de recuperação judicial.

Mais do que isso, diante da flexível caracterização dos mecanismos de pré-insolvência pela doutrina e do modelo da Diretiva europeia, evidencia-se ser correto, igualmente, classificar a recuperação judicial brasileira entre tais instrumentos, ressaltando-se seu caráter híbrido. Pode-se dizer o mesmo da recuperação extrajudicial, e com ainda maior precisão, já que a não homologação do plano proposto em seu bojo sequer acarreta a convolação do processo em falência.[47]

Essa aproximação conceitual não apenas é possível como também se mostra necessária, já que reflete diretamente a eliminação da usual confusão entre a crise econômico-financeira e o estado de insolvência. No item a seguir, busca-se demonstrar a importância da distinção entre ambos, a partir de potenciais consequências negativas desse imbróglio.

5. POTENCIAIS CONSEQUÊNCIAS DA CONFUSÃO CONCEITUAL ENTRE A CRISE TRATADA NA RECUPERAÇÃO JUDICIAL E A INSOLVÊNCIA: A IMPORTÂNCIA DA DISTINÇÃO REALIZADA

Como afirmado na introdução, diferenciar os conceitos da crise econômico-financeira a ser superada no processo de recuperação judicial e do estado de insolvência está longe de constituir desafio livresco ou irrelevante na prática. Pelo contrário, as consequências da falta de clareza a respeito das duas concepções podem ser bastante perniciosas. Alguns exemplos podem conferir concretude a essa afirmação.

Em primeiro lugar, tratando-se do pressuposto objetivo para acesso do devedor à recuperação judicial, qualquer modificação em sua configuração – ainda que por via interpretativa – pode ser crucial para deixar dentro ou fora do sistema de reorganização adotado pelo Brasil inúmeros agentes econômicos. Restringindo-se o procedimento aos devedores insolventes, os empresários e sociedades empresárias em situações menos graves, mas também em crise, perderiam uma possibilidade relevante de reestruturação enquanto suas atividades ainda fossem viáveis. A perda de valor decorrente dessa limitação poderia ser significativa e atingir também os seus credores e outros interessados no negócio. No panorama geral, a economia nacional poderia ser afetada. Felizmente, como visto, as interpretações jurisprudencial e majoritária da doutrina não abrem margem para qualquer confusão.

---

47. Vale notar que uma das diferenças entre os mecanismos de pré-insolvência inspirados no modelo de reorganização estadunidense e a própria reorganization do *Chapter 11* está justamente no fato de que, nesta, o fracasso do esforço negocial leva à liquidação do devedor, enquanto, naqueles, o insucesso das tratativas ainda pode ser contornado em procedimento formal de reestruturação (GURREA-MARTINEZ, Aurelio. The future of reorganization procedures in the era of pre-insolvency law cit., item 1).

A classificação da recuperação judicial no espectro "pré-insolvência/insolvência", estritamente relacionada ao pressuposto objetivo do processo, também seria impactada por uma alteração em sua conformação. A equiparação da crise com a insolvência levaria ao seu impróprio enquadramento nesse espectro. E dados como esse são essenciais para a adequada formulação de políticas públicas na esfera concursal.

Qualquer ímpeto do legislador, por exemplo, no sentido de criar mecanismos de pré-insolvência – ou apenas promover seu transplante de outros ordenamentos, como infelizmente sói ocorrer – deve ser balizado pela constatação de que o direito das empresas em crise do Brasil já conta com remédios jurídicos nessa esfera – a recuperação judicial e a recuperação extrajudicial. Essa preocupação é importante para evitar uma desnecessária sobreposição de funções ou, ainda pior, que os instrumentos causem prejuízos um ao outro.

Na verdade, a comunidade concursal brasileira já convive com resultados dessa falta de cautela. A reforma promovida pela Lei 14.112/2020 na LRF criou uma nova seção no diploma inteiramente dedicada a conciliações e mediações, inclusive aquelas antecedentes aos processos de recuperação judicial, compreendendo os arts. 20-A a 20-D. Trata-se de mecanismos que poderiam ser classificados como preventivos e, em princípio, desempenhar um papel relevante na superação de adversidades enfrentadas pelo devedor. A sua positivação, contudo, ocorreu de maneira problemática.

No caso da negociação de dívidas e formas de pagamento entre o devedor e seus credores, em caráter prévio à formulação do pedido de recuperação judicial, chega-se a permitir a suspensão das execuções propostas contra aquele por até 60 dias, em sede de tutela de urgência cautelar, desde que observados alguns requisitos (art. 20-B, § 1º, da LRF), sob o argumento de que a adoção de *stay* nesses moldes adviria da experiência estrangeira. Porém, a falta de incentivos para que possa acontecer uma negociação efetiva nesse período e o fato de que este deverá ser descontado do prazo de suspensão inerente à recuperação judicial, sobrevindo seu ajuizamento, a um só tempo podem corroer a confiança das partes na solução negociada, algo essencial para uma exitosa recuperação judicial, e prejudicar o procedimento recuperacional, ao suprimir um tempo que seria preciso para as tratativas das partes em torno de uma solução conjunta para superar a crise debatida.[48]

Em outras palavras, estruturou-se instrumento insuficiente e se atrapalhou o desenrolar do processo de recuperação judicial, que também opera na prevenção da insolvência. Instrumentos mais satisfatórios poderiam ter sido delineados caso a função e a estrutura dos institutos já existentes (recuperação judicial e recuperação extrajudicial), inclusive em sua feição de mecanismos de pré-insolvência, tivessem sido levados em conta.

Essa situação, por sinal, revela ser procedente a preocupação com a necessidade de adaptação dos procedimentos formais de reorganização aos mecanismos de pré-insol-

---

48. Os autores já abordaram esses e outros aspectos controversos da disciplina do art. 20-B, § 1º, da LRF, vide CEREZETTI, Sheila C. Neder. Mudanças na RJ: negociação em risco. *Valor Econômico*. 2020. Disponível em: https://valor.globo.com/legislacao/noticia/2020/10/16/mudancas-na-rj-negociacao-em-risco.ghtml. Acesso em: 26 abr. 2022 (publicado ainda durante a tramitação do projeto de lei que resultou na Lei 14.112/2020); e FRANCO, Gustavo Lacerda. A suspensão das execuções na negociação antecedente à recuperação judicial: contornos e limites. In: MOREIRA, António Júdice et al. (Coord.). *Recuperação judicial e falência*: métodos de solução de conflitos – Brasil e Portugal. São Paulo: Almedina, 2022, p. 113-130.

vência que ganhem existência, de modo a coordenar o seu uso e evitar ineficiências ou abusos.[49] Mais importante ainda, contudo, deve ser estruturar tais instrumentos tendo em vista os contornos daqueles já existentes, de modo a não lhes causar problemas.

A discussão entabulada pode importar, outrossim, para definir a abordagem de determinado procedimento no campo da insolvência transnacional. Com efeito, diante da configuração intermediária entre a natureza puramente contratual e o processo totalmente formal que marca alguns dos mecanismos de pré-insolvência, indaga-se como (e se) eles podem ser tratados em casos de crise transfronteiriça.[50] Diante da recente adoção com modificações, pela LRF, da Lei Modelo da UNCITRAL sobre Insolvência Transnacional, resta claro que a preocupação manifestada é relevante, também, para o direito das empresas em crise brasileiro.

A diferenciação em comento pode ter efeitos expressivos, ainda, no campo contratual. Se o devedor for parte, por exemplo, em contrato envolvendo cláusula resolutiva com incidência a partir da verificação de que o contratante esteja insolvente, a equiparação desta circunstância àquela de quem simplesmente formulou pedido de recuperação judicial poderia ser o suficiente, na perspectiva de certo juízo, para incorretamente impactar a relação contratual e prejudica-la.[51]

Em síntese, definir se um instrumento como a recuperação judicial se aproxima da insolvência, em termos de pressuposto objetivo, ou da pré-insolvência, em termos de classificação de procedimentos, pode gerar consequências substanciais no acesso ao mecanismo pelos devedores, nos seus efeitos para os envolvidos – inclusive nas esferas contratual e transnacional – e na formulação de políticas públicas adequadas. Evidentemente, não se trata de algo frívolo. Por isso mesmo, entende-se que a matéria demanda mais cuidado do que lhe tem sido dispensado.

6. CONSIDERAÇÕES FINAIS

Como se demonstrou, o pressuposto objetivo para acessar a recuperação judicial é a presença de crise econômico-financeira na atividade empresarial desempenhada pelo devedor. Essa crise não se confunde com o estado de insolvência, em qualquer das suas

---

49. GURREA-MARTINEZ, Aurelio. The future of reorganization procedures in the era of pre-insolvency law cit., item 4 (conquanto não se concorde com todas as soluções propostas pelo autor).
50. MEVORACH, Irit e WALTERS, Adrian. The characterization of pre-insolvency proceedings in private international law cit., p. 855-894, e EIDENMÜLLER, Horst. What is an insolvency proceeding? Am. Bankr. L. J. 92 (2018), p. 53-72.
51. Felizmente, essa perspectiva não tem prevalecido em sede jurisprudencial. Cf. nesse sentido, por exemplo, acórdão do Tribunal de Justiça de São Paulo que, ao interpretar uma cláusula contratual de vencimento antecipado tendo em vista a recuperação judicial do devedor, decidiu que ela era inaplicável ao caso, "(...) uma vez que não lista o ajuizamento de recuperação judicial como causa de vencimento antecipado da dívida, mas apenas concordata, falência, liquidação extrajudicial e outras situações de efetiva insolvência. Recuperação judicial que, ao contrário, consiste em tentativa de soerguimento de empresa em crise, mas que ainda aparenta ser economicamente viável", e que o ajuizamento de recuperação judicial consiste em "(...) evento que não demonstra efetiva insolvência, mas dificuldade momentânea que busca ser superada" (Agravo de Instrumento 2057201-23.2017.8.26.0000, 1ª Câmara Reservada de Direito Empresarial, Rel. Des. Cesar Ciampolini, j. 13.09.2017). Sobre o tema, vide, ainda, KIRSCHBAUM, Deborah. Cláusula resolutiva expressa por insolvência nos contratos empresariais: uma análise econômico-jurídica. Revista Direito GV 2, p. 37-54, 2006.

acepções, no ordenamento jurídico brasileiro. É o que se extrai do texto da LRF, bem como da doutrina e da jurisprudência que se dedicaram à matéria.

Assim, o ajuizamento do pedido de recuperação judicial pelo devedor e o deferimento do seu processamento pelo juízo concursal não significam que o requerente esteja insolvente. Tal iniciativa denota, na verdade, que sua atividade se encontra em crise econômico-financeira e pode ser soerguida mediante processo de reestruturação, o que independe do conceito de insolvência. Esta é somente uma entre as múltiplas adversidades empresariais que podem receber tratamento jurídico na recuperação judicial. A relação entre ambas se limita a tanto.

Esse entendimento, por seu turno, auxilia na elucidação de uma outra imprecisão, mais recente, enfrentada pelo direito das empresas em crise do Brasil: aquela relativa aos instrumentos preventivos de insolvência, os quais têm se difundido no plano internacional e sido alvo de inadequadas tentativas de transplante para a realidade concursal brasileira.

Diante da flexível caracterização promovida pela doutrina acerca de tais mecanismos de pré-insolvência e dos elementos extraídos do regime europeu de reestruturação preventiva, um dos principais modelos para esses instrumentos, entende-se que a recuperação judicial pode ser classificada entre eles. Ressalta-se, todavia, que ela apresenta natureza híbrida, servindo igualmente para tutelar crises mais severas.

As imprecisões conceituais debatidas, longe de serem inofensivas, podem gerar consequências nefastas quanto ao acesso à recuperação judicial, à compreensão sobre a função do instituto, aos seus efeitos para os envolvidos no processo e para terceiros, além de potencialmente afetar a formulação de políticas públicas no âmbito do direito das empresas em crise brasileiro. Não é pouca coisa. Espera-se que o presente estudo possa contribuir à sua necessária resolução.

7. REFERÊNCIAS

ASSIS, Araken de, *Manual da execução*. 19. ed. São Paulo: Ed. RT, 2017.

AYOUB, Luiz Roberto e CAVALLI, Cássio. *A construção jurisprudencial da recuperação judicial de empresas*. Rio de Janeiro: Forense, 2013.

BEZERRA FILHO, Manoel Justino, *Lei de Recuperação de Empresas e Falências*: Lei 11.101/2005 comentada artigo por artigo. 11. ed. São Paulo: Ed. RT, 2016.

CAMPINHO, Sérgio. *Curso de direito comercial*: Falência e recuperação de empresa – O novo regime da insolvência empresarial. 11. ed. São Paulo: Saraiva, 2020.

COELHO, Fábio Ulhoa. *Comentários à Lei de Falências e de Recuperação de Empresas*. 9. ed. São Paulo: Saraiva, 2013.

COMPARATO, Fabio Konder. *O seguro de crédito*: estudo jurídico. São Paulo: Ed. RT, 1968.

DIAS, Leonardo Adriano Ribeiro. *Financiamento na recuperação judicial e na falência*. São Paulo: Quartier Latin, 2014.

EHMKE, David Christoph et al. The European Union preventive restructuring framework: A hole in one? *Int'l Insolvency Rev.* 28, p. 184-209, 2019.

EIDENMÜLLER, Horst. What is an insolvency proceeding? *Am. Bankr. L. J.* 92, p. 53-72, 2018.

GHIO, Emilie. Transposing the preventive restructuring directive 2019 into French insolvency law: Rethinking the role of the judge and rebalancing creditors' rights. *Int'l Insolvency Rev.* 30, p. 54-74, 2021.

GONÇALVES NETO, Alfredo Assis. O regime jurídico da insolvência. *Revista de Processo* 67, p. 62-71, 1992.

GURREA-MARTINEZ, Aurelio. The future of reorganization procedures in the era of pre-insolvency law. *European Business Organization Law Review* 21, p. 829-854, 2020.

KASTRINOU, Alexandra. Comparative analysis of the informal pre-insolvency procedures of the UK and France. *Int'l Insolvency Rev.* 25, p. 99-118, 2016.

KIRSCHBAUM, Deborah. *A recuperação judicial no Brasil*: governança, financiamento extraconcursal e votação do plano. Tese (Doutorado) – Faculdade de Direito da Universidade de São Paulo, São Paulo, 2009.

KIRSCHBAUM, Deborah. Cláusula resolutiva expressa por insolvência nos contratos empresariais: uma análise econômico-jurídica. *Revista Direito GV* 2, p. 37-54, 2006.

LACERDA FRANCO, GUSTAVO. *A administração da empresa em recuperação judicial* – Entre a manutenção e o afastamento do devedor. São Paulo: Almedina, 2021.

LACERDA FRANCO, GUSTAVO. A suspensão das execuções na negociação antecedente à recuperação judicial: contornos e limites. In: MOREIRA, António Júdice et al (Coord.). *Recuperação judicial e falência*: métodos de solução de conflitos – Brasil e Portugal. São Paulo: Almedina, 2022.

LOBO, Jorge. Comentários ao Art. 47. In: TOLEDO, Paulo F. C. Salles de e ABRÃO, Carlos Henrique. *Comentários à Lei de Recuperação de Empresas e Falência*. 3. ed. São Paulo, Saraiva, 2009.

MEVORACH, Irit e WALTERS, Adrian. The characterization of pre-insolvency proceedings in private international law. *European Business Organization Law Review* 21, p. 855-894, 2020.

MUNHOZ, Eduardo Secchi, Pressupostos da recuperação judicial. In: COELHO, Fábio Ulhoa (Coord.). *Tratado de direito comercial*. São Paulo, Saraiva, 2015. v. 7.

NEDER CEREZETTI, Sheila C. Mudanças na RJ: negociação em risco. *Valor Econômico*. 2020. Disponível em: https://valor.globo.com/legislacao/noticia/2020/10/16/mudancas-na-rj-negociacao-em-risco.ghtml. Acesso em: 26 abr. 2022.

NEGRÃO, Ricardo. *Aspectos objetivos da lei de recuperação de empresas e de falências*. 4. ed. São Paulo, Saraiva, 2010.

OLIVEIRA FILHO, Paulo Furtado de, O exame da competência e das condições da ação de recuperação judicial. In: WAISBERG, Ivo e RIBEIRO, José Horácio Halfeld Rezende (Org.). *Temas de direito da insolvência* – Estudos em homenagem ao Professor Manoel Justino Bezerra Filho. São Paulo, IASP, 2017.

PACHECO, JOSÉ DA SILVA, *Processo de recuperação judicial, extrajudicial e falência*. 4. ed. Rio de Janeiro, Forense, 2013.

PENTEADO, Mauro Rodrigues. Comentários ao Capítulo I da Lei 11.101/2005. In: SOUZA JUNIOR, Francisco Satiro de e PITOMBO, ANTÔNIO Sérgio Altieri de Moraes (Coord.). *Comentários à Lei de Recuperação de Empresas e Falência – Lei 11.101/2005*. 2. ed. São Paulo: Ed. RT, 2007.

PONTES DE MIRANDA, Francisco Cavalcanti. *Tratado de Direito Privado, Parte Especial*. Rio de Janeiro, Borsoi, 1971. v. XXVII.

SACRAMONE, Marcelo Barbosa. *Comentários à Lei de Recuperação de Empresas e Falência*. São Paulo: Saraiva, 2018.

SCALZILLI, João Pedro; SPINELLI, Luis Felipe; e TELLECHEA, Rodrigo. *Recuperação de empresas e falência – Teoria e prática na Lei 11.101/2005*. 3. ed. São Paulo: Almedina, 2018.

SCHMIDT, Jessica. Preventive restructuring frameworks: jurisdiction, recognition and applicable law. *Int'l Insolvency Rev.* 31, p. 81-100, 2022.

SZTAJN, Rachel. Comentários ao Capítulo III, Seção III da Lei 11.101/2005. In: SOUZA JUNIOR, Francisco Satiro de e PITOMBO, Antônio Sérgio Altieri de Moraes (Coord.). *Comentários à Lei de Recuperação de Empresas e Falência* – Lei 11.101/2005. 2. ed. São Paulo: Ed. RT, 2007.

TOLEDO, Paulo Fernando Campos Salles de e PUGLIESI, Adriana V. Insolvência e crise das empresas. In: CARVALHOSA, Modesto (Coord.). *Tratado de Direito Empresarial.* 2. ed. São Paulo: Ed. RT, 2018. v. 5.

WESSELS, Bob, Europa: a caminho de um quadro jurídico harmonizado de reestruturação preventiva. *Cadernos FGV Projetos* 33, p. 32-43, 2018.

WESTBROOK, JAY Lawrence et al. *A global view of business insolvency systems.* Leiden-Boston, The World Bank-Martinus Nijhoff Publishers, 2010.

CONTROVÉRSIAS (E SOLUÇÕES) DO FINANCIAMENTO "DIP" NA LEI 14.112/2020

Thiago Dias Costa

Doutorando, Mestre (Direito Comercial) e Bacharel pela Universidade de São Paulo. Especialista em Direito Empresarial pelo CEU-IICS Escola de Direito. *Visiting Scholar* na Columbia University Law School (2017). Vice-Presidente da Comissão de Falência e Recuperação Judicial da Ordem dos Advogados do Brasil de São Paulo – Subseção do Tatuapé. Membro da Comissão Permanente de Direito Falimentar e Recuperacional do Instituto dos Advogados de São Paulo – IASP. Membro Associado ao TMA – Turnaround Management Association Brasil, ao INSOL International, e ao American Bankruptcy Institute. Sócio do departamento de Restruturação e Insolvência do Felsberg Advogados.

Sumário: 1. Introdução – 2. O financiamento DIP e sua importância – 3. Benefícios oferecidos ao financiamento DIP; 3.1 A "superprioridade"; 3.2 A "imutabilidade"; 3.3 A constituição de garantias subordinadas – 4. Requisitos para a caracterização do financiamento DIP; 4.1 Restrição à recuperação judicial; 4.2 Autorização judicial vs. autorização dos credores; 4.3 A definição de "contratos de financiamento"; 4.4 Exigência de garantias sobre ativo não circulante; 4.5 Finalidade específica – 5. Outros aspectos importantes do financiamento DIP; 5.1 Duas classes de financiamento? Arts. 67 e 69-A; 5.2 Juros, garantias, e a proteção ao "valor efetivamente entregue" – 6. Conclusão – 7. Referências.

1. INTRODUÇÃO

A experiência demonstra que a legislação falimentar brasileira (ou, em denominação mais moderna e abrangente, a legislação da crise empresarial[1]) tem alguma tradição em caminhar a passos lentos. Ou, pelo menos, mais lentos do que impõe a marcha usual de evolução da atividade empresarial e dos demais aspectos relacionados ao Direito da Empresa (como o Direito Societário, o Direito do Mercado de Capitais etc.). Nosso diploma falimentar anterior,[2] por exemplo, permaneceu em vigor por mais de sessenta anos, durante boa parte dos quais foi alvo de críticas, que desde cedo indicavam sua desconexão com a realidade comercial de seu tempo e a necessidade de sua reforma.[3]

Algo semelhante, guardadas as devidas proporções, sucedeu com o diploma legal atual que regula o Direito da Empresa em Crise – a Lei 11.101/2005 ("LRF"). Baseada em boa medida nos preceitos do diploma de insolvência norte-americano (o *American Bankruptcy Code*),[4] e vista pela maioria dos operadores do direito como uma lei moderna

---

1. Optamos pela adoção da expressão "Direito da Empresa em Crise", inspirada no trabalho de Angel Rojo Fernandez-Rio (ROJO FERNANDEZ-RIO, Angel Jose. *El estado de crisis económica*, in *La Reforma del Derecho de Quiebra*. Madri: Civitas, 1982, p. 127).
2. O Decreto-Lei 7.661/1945.
3. Vide FERREIRA, Waldemar. *Tratado de Direito Comercial*. São Paulo: Saraiva, 1965, v. 14, p. 50.
4. Conforme abordamos em COSTA, Thiago Dias. *Recuperação judicial e igualdade entre credores*. Rio de Janeiro: Forense, 2018, p. 76.

e alinhada com as mais recentes tendências mundiais, não demorou muito para que ficasse evidente a necessidade de implementação de reformas em diversos aspectos importantes da legislação. Mesmo assim, a reforma esperada só veio depois de mais de quinze anos de vigência da lei, e mais de quatro anos após a constituição formal dos primeiros grupos de trabalho incumbidos de discutir essa reforma. Há que se destacar, no entanto, a boa atuação da doutrina e jurisprudência nacionais durante esse período, que corajosamente se incumbiram da tarefa de suprir lacunas e sanar contradições sistêmicas na LRF – ainda que suas conclusões, por vezes, destoassem de maneira bastante clara do texto legal em vigor.[5]

Fato é que, após insistente clamor dos operadores, da doutrina e da jurisprudência, a reforma legal veio – e, por mais que não seja perfeita, certamente não decepcionou. A Lei 14.112/2020 alterou sistematicamente diversos aspectos da LRF com o objetivo de modernizá-la e de integrar a ela muitas das regras que já vinham sendo engendradas pela jurisprudência. Além disso, foram integrados à LRF alguns elementos novos, cuja ausência já era sentida há bastante tempo pelos empresários e operadores do direito. Um desses elementos novos é, justamente, o que diz respeito às regras para o financiamento das empresas em recuperação, também conhecido como *DIP Financing* – ou, em parcial vernáculo, "Financiamento DIP".[6]

O objetivo deste artigo é o de apresentar alguns dos principais aspectos jurídicos das regras de financiamento DIP introduzidas pela Lei 14.112/2020 e, de forma absolutamente não exaustiva, indicar potenciais lacunas e controvérsias – apontando caminhos para sua solução. Naturalmente, a visão aqui exposta não será apenas analítica, mas crítica, com o objetivo de indicar alternativas efetivas à solução dos pontos de incerteza identificados, tanto *de lege lata* quando *de lege ferenda*.

Não pretendemos de forma nenhuma exaurir a discussão sobre a matéria em tão breve artigo, até porque já existem obras mais amplas e de referência sobre o tema,[7] mas entendemos que a análise de múltiplos pontos de vista é sempre útil para identificar e sanar potenciais problemas. Nosso objetivo, para longe de uma crítica vazia à disciplina legal (que, como já dito, não decepciona), é o de reforçar a segurança jurídica e estimular a utilização das ferramentas de proteção aos financiadores, tão importantes para o sucesso de qualquer atividade econômica.

2. O FINANCIAMENTO DIP E SUA IMPORTÂNCIA

Parece despiciendo, a essa altura, tecermos considerações sobre a importância do crédito como fator de desenvolvimento econômico e social, principalmente em um

---

5. Ressalta-se, por exemplo, a admissão quase que unânime pela jurisprudência nacional da possibilidade de prorrogação excepcional do período de suspensão das execuções contra o devedor em recuperação (*stay period*), nada obstante a antiga redação do art. 6º, § 4º, da Lei 11.101/2005 em sua redação original declarasse expressamente que o *stay period* "em nenhuma hipótese" excederia o prazo "improrrogável" de 180 dias.
6. Derivada da expressão *"Debtor-in-possession"*, usada para denominar o devedor insolvente que, em vez de ser afastado e substituído por um representante judicial (como ocorre na falência), permanece em poder de seus próprios ativos e na condução da atividade empresarial (como ocorre na recuperação judicial).
7. Nesse sentido, vide DIAS, Leonardo Adriano Ribeiro. *Financiamento na recuperação judicial e na falência*, 2. ed. Rio de Janeiro: Forense, 2022.

mundo globalizado.[8] O crédito, desde muito cedo,[9] ganhou proeminência no exercício das atividades econômicas organizadas, e serviu de mola propulsora para o crescimento do comércio, a geração de trabalho e riqueza, e o consequente desenvolvimento humano. Nas sempre precisas palavras de Tullio Ascarelli:[10]

> [s]e o comerciante devesse prescindir do crédito e movimentar apenas os próprios capitais, teria necessariamente que restringir as suas aquisições e reduzir o número daqueles a quem forneceria os bens adquiridos, e isso tanto mais quanto maior a distância até a fonte produtora de tais bens, quanto mais longo, complexo e demorado o transporte deles. Função do comercio é, porém, atender às necessidades de numerosos consumidores, trazendo dos lugares mais diversos os bens que melhor satisfaçam essas necessidades; obtendo a diminuição das despesas mediante a aquisição e o transporte de grandes partidas de mercadorias, de cada vez; sugerindo, eventualmente, a produção de bens que possam ser mais bem aceitos pelo mercado. Tudo isso, que um consumidor isolado não poderia fazer, o comerciante faz. Mas, para fazê-lo, necessita de crédito.

Não é surpresa que, se o crédito tem grande relevância para a atividade empresarial da forma como exercida nos dias de hoje, tenha relevância ainda maior para as empresas em crise. Nessas situações, nas quais a crise ameaça a capacidade da empresa de seguir adimplindo suas obrigações (e, consequentemente, de se manter no mercado), o crédito deixa de ser apenas instrumento necessário ao exercício regular de suas atividades, para se tornar requisito essencial à própria sobrevivência da empresa. Sem crédito, além de não conseguir fornecer seus produtos ou serviços em quantidade adequada ou por determinado período (como ocorreria com qualquer empresa), a empresa em crise fica sujeita ao risco de sofrer constrições sobre o (pouco) caixa ou sobre ativos essenciais que possui, ou mesmo de ter sua falência decretada a pedido de credores insatisfeitos.

E aqui se apresenta aquele que talvez seja o maior e mais perverso ciclo vicioso da crise empresarial: a crise, por si só, restringe o acesso da empresa ao crédito – o que, por sua vez, agrava sua crise econômica, e as restrições ao próprio crédito. Diante da maior probabilidade de inadimplemento, é postura lícita (e até esperada) dos fornecedores e financiadores que, ao lidarem com uma empresa em crise, exijam para a concessão de crédito garantias superiores àquelas que seriam exigidas de empresas em situação financeira saudável, ou precifiquem o risco adicional assumido por meio do aumento das taxas de juros ou redução dos prazos de pagamento. A ironia está em que, tudo o mais mantido constante, o "remédio" (crédito) tende naturalmente a se tornar menos acessível justamente para quem está "doente" (empresa em crise).

Quebrar esse ciclo vicioso natural, como é fácil de ver, deve ser um dos mais importantes papéis do Direito da Empresa em Crise. Partindo da premissa de que toda a atividade empresarial moderna depende do crédito, e de que praticamente qualquer empresa (saudável ou não) depende de crédito para sobreviver, de nada adiantará à legislação empresarial desenvolver mirabolantes mecanismos de soerguimento, ou atri-

---

8. Cf. SOUZA JUNIOR, Francisco Satiro de. In: SOUZA JUNIOR, Francisco Satiro de; PITOMBO, Antônio Sérgio A. de Moraes (Coord.). *Comentários à Lei de recuperação de empresas e falências*: Lei 11.101/2005 – Artigo por artigo. 2. ed. São Paulo: Ed. RT, 2007, p. 364.
9. Cf. DIAS, Leonardo Adriano Ribeiro. *Financiamento na Recuperação Judicial e na Falência*. 2. ed. Rio de Janeiro: Forense, 2022, p. 70.
10. ASCARELLI, Tullio. *Teoria geral dos títulos de crédito*. Trad. Nicolau Nazo. São Paulo: Saraiva, 1943, p. 12.

buir enormes vantagens às empresas em crise (deságios, prazos, proteções etc.), se não conseguir assegurar que o acesso delas ao crédito seja restabelecido. Lidar apenas com o passado (endividamento) é postura insuficiente para garantir o futuro.

E, sob a premissa de que ninguém pode ser forçado a contratar com quem não deseja, muito menos para se submeter a condições contratuais arriscadas ou desvantajosas, conclui-se que a única forma disponível para estimular a concessão de crédito a empresas em crise é eliminar, ao máximo possível, por meio de mecanismos jurídicos, a insegurança (jurídica e prática) do financiador quanto ao recebimento de seu crédito.

Isso implica, é evidente, um certo grau de socialização dos custos para a concessão do crédito – já que nessa hipótese tanto a empresa em crise quanto o financiador serão beneficiados pelo tratamento mais benéfico, em "detrimento" da coletividade de credores que também espera receber seus créditos da empresa recuperanda. Mas essa socialização é benéfica sob um ponto de vista coletivo, diante das maiores chances de recuperação da empresa devedora (de modo que seus credores não precisem se submeter à falência), e diante dos demais benefícios sociais que serão trazidos pela preservação da atividade empresarial.

Como se vê, não são necessários grandes esforços argumentativos para demonstrar que o restabelecimento do acesso ao crédito é, ou deve ser, um dos objetivos mais importantes do Direito da Empresa em Crise. Sem crédito, não há atividade – nem para empresas saudáveis, e muito menos para empresas em crise. Sem crédito não há exercício, nem recuperação, nem preservação, de qualquer atividade empresarial.

Esse objetivo, em si, não é exatamente novo na legislação. A redação original do art. 67 da LRF trazia duas regras[11] que (i) asseguravam genericamente a "extraconcursalidade na falência" dos créditos concedidos durante a recuperação judicial – o que equivale, na prática, a um certo grau de prioridade no recebimento desses créditos; e (ii) concediam um benefício adicional para financiadores que fossem também credores concursais, concedendo certo grau de prioridade na falência a parte de seus créditos concursais, a depender dos valores fornecidos. No entanto, tais instrumentos, desde a edição da LRF, vinham sendo tidos como largamente insuficientes para estimular de modo efetivo a concessão de financiamento a empresas em recuperação, como explica Fabiana Solano:[12]

> Esse estímulo, no entanto, logo revelou-se tímido para atrair investidores principalmente por duas razões. A primeira é que os financiadores, via mútuo, se viram equiparados a todos os outros credores pós concursais, incluindo fornecedores de bens e serviços, e a disputa para concorrer por pagamentos dentro dessa classe tornou-se imponderável, quiçá infrutífera, a depender do volume de endivida-

---

11. LRF (anterior à Lei 14.112/2020): "Art. 67. Os créditos decorrentes de obrigações contraídas pelo devedor durante a recuperação judicial, inclusive aqueles relativos a despesas com fornecedores de bens ou serviços e contratos de mútuo, serão considerados extraconcursais, em caso de decretação de falência, respeitada, no que couber, a ordem estabelecida no art. 83 desta Lei. (...) Parágrafo único. Os créditos quirografários sujeitos à recuperação judicial pertencentes a fornecedores de bens ou serviços que continuarem a provê-los normalmente após o pedido de recuperação judicial terão privilégio geral de recebimento em caso de decretação de falência, no limite do valor dos bens ou serviços fornecidos durante o período da recuperação."
12. PEREIRA, Fabiana Bruno Solano. In: TOLEDO, Paulo Fernando Campos Salles de (Coord.). *Comentários à Lei de Recuperação de Empresas*. São Paulo: Ed. RT, 2021, p. 496.

mento pós concursal do devedor. A segunda é que na ordem de prioridades de pagamento em caso de falência, embora o financiador fosse extraconcursal, e portanto pago antes dos credores concursais, estava ainda atrás dos credores com direito à restituição em dinheiro (incluindo, portanto, todos os credores financeiros garantidos por cessão fiduciária de ativos), e figurava apenas em quinto na ordem de pagamento entre os extraconcursais.

Foi nesse contexto que, após muitos clamores do mundo empresarial, da doutrina e da jurisprudência, a Lei 14.112/2020 trouxe a tão esperada regulamentação do financiamento DIP, até então inexistente na LRF. Isto se deu por meio da inclusão da Seção IV-A (arts. 69-A a 69-F), inteiramente destinada à regulamentação das operações de financiamento a devedores em recuperação judicial.

3. BENEFÍCIOS OFERECIDOS AO FINANCIAMENTO DIP

Antes de nos debruçarmos sobre o conceito ou os requisitos do financiamento DIP conforme introduzido pela Lei 14.112/2005, importa esclarecer, desde já, quais são os benefícios efetivamente oferecidos pela lei para os financiadores DIP com o objetivo de tornar as operações mais seguras e estimular o acesso das empresas em crise ao crédito. Em outras palavras: porque, a partir da Lei 14.112/2020, passou a ser bom emprestar dinheiro ou fornecer a crédito para empresas em recuperação?

A resposta a essa pergunta reside na análise dos arts. 66-A, 69-B, 69-C, 69-E, 69-F e 84, I-B, da LRF, sendo preferível, para melhor sistematicidade, iniciar a exposição por este último.

3.1 A "superprioridade"

O art. 84, I-B, da LRF estabelece aquilo que, para os fins da nossa análise, podemos chamar de "superprioridade" do crédito decorrente do financiamento DIP. Segundo tal dispositivo, na hipótese de falência da empresa devedora, o crédito decorrente do financiamento DIP será pago em segundo lugar na fila de pagamentos dos créditos extraconcursais, atrás apenas das despesas cuja antecipação seja necessária à administração da própria falência, e dos créditos de natureza salarial vencidos nos três meses anteriores à decretação da falência, até o limite de cinco salários-mínimos por trabalhador.

Especificamente no que diz respeito à ordem de pagamentos, a superprioridade estabelecida pelo art. 84, I-B, não parece irrelevante – principalmente quando comparada ao grau de prioridade atribuído a outros créditos de natureza similar. Com efeito, nos termos do art. 84, I-B, o crédito decorrente do financiamento DIP ganha prioridade até mesmo sobre outras despesas da massa, tradicionalmente consideradas "superprioritárias" – tais como os pedidos de restituição em dinheiro, as remunerações do administrador judicial, e os créditos decorrentes de acidentes de trabalho ocorridos após a decretação da falência. Analisando-se tal benefício sob uma perspectiva puramente comparativa, não há como fugir à conclusão de que se tratou de um acréscimo de prioridade bastante interessante quando comparado com a situação que esses mesmos créditos teriam antes da reforma (art. 84, I-E).

Há um importante ponto de atenção, porém: a redação do art. 84, I-B, é expressa no sentido de que tal superprioridade se aplica apenas para o "valor efetivamente entregue" pelo financiador ao devedor em recuperação judicial. Como veremos no item 5.2 mais adiante, essa escolha de palavras permite algumas interpretações que podem trazer profundas consequências à proteção que é estendida ao financiador DIP – notadamente aquela no sentido de que quaisquer juros moratórios ou remuneratórios não estariam abrangidos pela superprioridade (por não serem valores "efetivamente entregues" pelo financiador ao devedor), de modo que a proteção legal se aplicaria apenas e unicamente ao principal, ainda que corrigido monetariamente.

Sem embargo de tais importantes considerações, importa questionar o quanto essa superprioridade de fato é ou deve ser considerada decisiva ou mesmo relevante para a concessão do financiamento, e quais benefícios efetivamente traz para a segurança do financiador DIP – principalmente levando-se em conta as demais exigências da própria LRF para que uma operação seja considerada como financiamento DIP.

Como veremos no item 4.4 a seguir, uma das exigências do art. 69-A da LRF para que uma operação seja considerada como uma operação de financiamento DIP é a constituição de garantias reais ou fiduciárias sobre ativo não circulante. Ainda que este não seja nosso entendimento particular, como ainda exporemos, há respeitáveis autores que entendem que qualquer operação apenas poderá ser considerada como financiamento DIP dentro do estrito limite do valor dos bens dados em garantia, sendo que qualquer eventual excesso não será considerado como financiamento DIP.[13]

Ainda que assim não fosse, é fato que o próprio mercado tenderia a exigir a prestação de garantias por parte do devedor – e a experiência mostra que os credores, principalmente financeiros, tendem a preferir as garantias fiduciárias às garantias reais.[14] Este comportamento conservador dos potenciais financiadores se deve a uma série de fatores extrínsecos e intrínsecos ao processo, sendo que dentre os últimos pode-se destacar a tradicional morosidade, ineficiência e insegurança do procedimento de falência.[15] Fato é que, ainda que a lei não exigisse a constituição de garantias para o financiamento DIP, dificilmente veríamos uma operação de financiamento DIP que não fosse amparada por garantias, no mínimo, suficientes à cobertura integral do valor mutuado.

Diante desse cenário fático, a superprioridade do art. 84-I perde bastante força enquanto benefício prático, na medida em que o financiador tenderá a contar mais com suas garantias (principalmente fiduciárias) do que com a fila de pagamentos da falência. Caberia à lei, como medida principal, tão somente assegurar que as garantias tomadas pelo financiador DIP fossem respeitadas. Muito embora a regra de imutabilidade do art. 69-B seja um valioso instrumento para isso (como se verá logo abaixo), a própria lei acaba impondo outros obstáculos em razão da redação escolhida para o art. 69-D, parágrafo único, como ainda veremos no item 5.2 a seguir.

---

13. Cf. DIAS, Leonardo Adriano Ribeiro. *Financiamento na Recuperação Judicial e na Falência*. 2. ed. Rio de Janeiro: Forense, 2022, p. 189.
14. Cf. BEZERRA FILHO, Manoel Justino. *Lei de Recuperação de Empresas e Falência* – Lei 11.101/05, comentada artigo por artigo. 15. ed. São Paulo: Ed. RT, 2021, p. 324-325.
15. O que também foi endereçado pela reforma trazida pela Lei 14.112/2020, espera-se que com resultados satisfatórios.

3.2 A "imutabilidade"

O art. 69-B, por sua vez, assegura que, se houver desembolso dos recursos por parte do financiador (o que como se verá pressupõe a prévia autorização do juízo nos termos do art. 69-A), mesmo que haja reforma da decisão autorizativa em grau recursal, isto não poderá prejudicar "a natureza extraconcursal" do crédito, nem "as garantias outorgadas" pelo financiador de boa-fé. A redação legal não deixa claro se essa imutabilidade se aplica em caso de desembolso apenas parcial, mas, em interpretação sistemática com o art. 84, I-B (que fala em *"valor efetivamente entregue"*), quer-nos parecer que haverá sim imutabilidade em relação aos valores que chegarem a ser desembolsados, ainda que não correspondam ao todo da operação.

Observa-se, nesse mesmo sentido, que a LRF não assegura a manutenção da operação ou do contrato de financiamento em si: apenas assegura que o crédito relativo ao valor desembolsado até então permanecerá sendo considerado como "extraconcursal". Isso significa, na esteira dessa mesma intepretação, que a reforma da decisão autorizativa poderá invalidar o contrato e impedir a realização de novos desembolsos, mas não poderá prejudicar as garantias e privilégios atribuídos aos desembolsos realizados até então.

Como uma possível primeira crítica, vale frisar que, a nosso ver, teria sido mais adequado que o legislador fizesse expressa referência ao grau de preferência estabelecido pelo art. 84, I-B, em vez de se referir, genericamente, à "extraconcursalidade". Como veremos a seguir, todo o rol de pagamentos previsto no artigo 84 diz respeito a créditos considerados extraconcursais, e há outras hipóteses de "extraconcursalidade" na qual o crédito do financiamento DIP poderia se enquadrar, na hipótese de a decisão autorizativa vier a ser reformada – trata-se, mais especificamente, do art. 84, I-E, ao qual nos referiremos a seguir. Se o legislador quis assegurar que o crédito permaneceria na preferência prevista pelo art. 84, I-B (como, em nossa opinião, parece ser o caso), melhor seria se tivesse feito essa referência de maneira mais específica.

Há que se chamar a atenção, também, para a disposição do art. 66-A da LRF.[16] De conteúdo aparentemente similar ao art. 69-B, o dispositivo prevê que a "alienação de bens" ou as "garantias outorgadas" a adquirente ou financiador de boa-fé não serão anuladas nem tornadas ineficazes após o desembolso. Muito embora tal artigo não faça referência expressa à reforma da decisão autorizativa, diante de sua amplitude, é de se supor que é aplicável também a essa hipótese, reforçando a proteção conferida pelo art. 69-B. A vantagem do art. 66-A é que, além de não estar restrito às operações de financiamento DIP, ele faz expressa referência também ao "plano de recuperação extrajudicial" suprindo o que a nosso ver é uma grave omissão do legislador ao restringir as regras de proteção ao financiamento DIP à recuperação judicial, conforme veremos no item 4.1 a seguir.

De todo modo, principalmente levando-se em conta as observações que já tecemos em relação à superprioridade (e à sua potencial pouca relevância prática), a imutabi-

---

16. LRF: "Art. 66-A. A alienação de bens ou a garantia outorgada pelo devedor a adquirente ou a financiador de boa--fé, desde que realizada mediante autorização judicial expressa ou prevista em plano de recuperação judicial ou extrajudicial aprovado, não poderá ser anulada ou tornada ineficaz após a consumação do negócio jurídico com o recebimento dos recursos correspondentes pelo devedor."

lidade é, em nossa opinião, o verdadeiro e mais importante benefício concedido pela Lei 14.112/2020 às operações de financiamento DIP. Antes da reforma houve poucos registros de tentativas de operações de financiamento DIP, principalmente em casos de maior expressão econômica, sendo que os casos que existiram foram marcados por grave insegurança jurídica,[17] resultando em muitos traumas para o ainda incipiente mercado brasileiro de *distressed investing*. Espera-se que a regra de imutabilidade trazida pelos arts. 69-B e 66-A contribuam para curar tais feridas passadas e propiciar o desenvolvimento de tão importante atividade.

3.3 A constituição de garantias subordinadas

Por fim, os arts. 69-E e 69-F asseguram que qualquer pessoa (inclusive sócios do devedor ou outras empresas de seu grupo societário) poderá fornecer o financiamento DIP, o qual poderá ser garantido por bens do próprio devedor ou de qualquer outra empresa de seu grupo societário. A intenção do legislador – no que, a nosso ver, andou bem – parece ter sido a de ampliar expressamente o rol de possíveis financiadores DIP, encerrando discussões que até então existiam a respeito de potenciais "conflitos de interesse" em operações de financiamento eventualmente oferecidas por partes relacionadas. É claro que a licitude da operação deverá ser avaliada caso a caso pelo juiz ou pelos credores (principalmente pela análise das condições de sinalagma contidas na operação), mas a ideia geral foi certamente a de reduzir o risco em relação a partes relacionadas interessadas em injetar novos recursos no devedor.

O art. 69-C, por sua vez, assegura a possibilidade de que o financiamento DIP seja garantido por garantias subordinadas sobre quaisquer bens do devedor (mas não de terceiros), sem a necessidade de anuência do credor detentor da garantia em primeiro grau. Tal dispositivo se aplica, porém, apenas às garantias reais (penhor e hipoteca), na medida em que o § 2º do art. 69-C deixa claro que tal possibilidade não se aplica as garantias fiduciárias – as quais, em razão de sua própria natureza (que implica transferência da propriedade resolúvel do bem à esfera patrimonial do credor fiduciário), não admitem graus subsequentes.[18]

Importa observar, desde já, que a Lei 14.112/2020 pouco inova nesse ponto, já que a constituição de garantias reais em segundo grau sem anuência do credor em primeiro grau já é em geral admitida pelo Código Civil.[19] Nesse sentido, a dispensa da anuência do credor de primeiro grau para a constituição de garantias subordinadas valerá, quando

---

17. Para mais informações respeito, vide MUNHOZ, Eduardo Secchi. *Mootness doctrine* e o Direito Brasileiro. Preservação dos Atos Validamente Implementados no Âmbito da Recuperação Judicial. In: ELIAS, Luis Vasco (Coord.). *10 Anos da Lei de Recuperação de Empresas e Falências*: reflexões sobre a reestruturação empresarial no Brasil. São Paulo: Quartier Latin, 2015, p. 113-121.
18. Cf. CHALHUB, Melhim Namem; DANTZGER, Afranio Carlos Camargo. *Alienação fiduciária de bens imóveis em segundo grau?* Disponível em https://www.cnbsp.org.br/noticias/9034/alienacao-fiduciaria-de-bens-imoveis-em--segundo-grau? Acesso em: 11 mar. 2022.
19. Em relação à hipoteca, há autorização geral expressa no art. 1.476 do Código Civil. Em relação ao penhor, tal autorização reside na interpretação extensiva à autorização específica relativa ao penhor rural contida no art. 1.440, aliado ao princípio geral de que, na esfera civil, considera-se permitido tudo aquilo que não é expressa ou tacitamente proibido por lei.

muito, para situações muito específicas nas quais tal anuência é exigida por lei.[20] Mesmo quando tal dispensa de anuência do credor original for aplicável ao caso concreto, vale observar que, pela literalidade do art. 69-C, apenas valerá para bens de propriedade do próprio devedor – de modo que, na hipótese de garantia sobre bens de terceiros, permanecerá sendo exigida (nas situações excepcionais que a lei assim exige) a anuência do credor em primeiro grau.

Em relação às garantias fiduciárias, nada obstante a lei deixe clara a impossibilidade de sua constituição em graus subsequentes, na esteira do que já defendia a doutrina, isso não impedirá que o devedor e o financiador adotem outras formas para instituir uma subordinação. É o caso, por exemplo, da contratação da garantia fiduciária sob condição suspensiva do pagamento da dívida original (e consequente extinção da respectiva garantia fiduciária). Tal método de constituição de subordinação foi adotado com sucesso, por exemplo, em operação de *exit financing* levada a efeito na recuperação judicial do Grupo Moreno,[21] sem que se tenha encontrado qualquer óbice à sua homologação e registro.

Portanto, bem compreendidos os benefícios atribuídos ao financiamento DIP pela Lei 14.112/2020, e já munidos de algumas considerações críticas, passemos à análise do conceito e dos requisitos para que uma determinada operação seja considerada um financiamento DIP – de onde, como se verá, decorrerão novas observações importantes.

4. REQUISITOS PARA A CARACTERIZAÇÃO DO FINANCIAMENTO DIP

O art. 67-A da LRF declara que, durante a recuperação judicial, o juiz poderá, ouvido o comitê de credores, autorizar a celebração de contratos de financiamento com o devedor, garantidos pela oneração (direitos reais) ou alienação fiduciária de bens e direitos, da própria empresa devedora ou de terceiros, pertencentes ao ativo não circulante, com o objetivo expresso de financiar as suas atividades e as despesas de reestruturação, ou de preservação do valor de ativos.

Cabe-nos analisar criticamente, um a um, os requisitos elencados pelo art. 67-A para que uma operação de financiamento possa ser considerada como "financiamento DIP" e gozar das proteções legais.

4.1 Restrição à recuperação judicial

Nem o art. 69-A, nem qualquer outro dispositivo da Seção IV-A da LRF (que estabelece as regras do financiamento DIP), faz qualquer referência à recuperação extrajudicial. Pelo contrário: há referência expressa apenas à recuperação judicial – o que dá a entender que o financiamento concedido a empresas em recuperação extrajudicial, ainda que após o procedimento e após autorização ou ratificação do juízo, não se caracteriza como financiamento "DIP" e não goza das proteções a que já nos referimos (em essência, superprioridade e imutabilidade).

---

20. Caso, por exemplo, das garantias instituídas em Cédulas de Produto Rural, nos termos do art. 57 do Decreto-Lei 167/67.
21. Processo 1001008-13.2019.8.26.0589, em trâmite perante a Vara Única do Foro da Comarca de São Simão-SP.

Em nossa visão, perdeu o legislador boa oportunidade de estender às empresas em recuperação extrajudicial os mesmos benefícios que foram oferecidos às empresas em recuperação judicial. Sob um ponto de vista econômico, não nos parece haver nenhum sentido em diferenciar ambas as hipóteses (recuperação judicial e extrajudicial) em relação aos benefícios e proteções concedidos ao financiamento, já que a crise empresarial (assim como a necessidade de financiamento) é, em tese, a mesma – variando apenas o instrumento utilizado para sua solução. Ademais, verificando-se que a Lei 14.112/2020 introduziu muitas outras alterações com o objetivo de facilitar e estimular a utilização da recuperação extrajudicial (tais quais a redução do quórum de aprovação,[22] a extensão do rol de créditos abrangidos[23] etc.), parece efetivamente incoerente que o legislador não tenha oferecido para a recuperação extrajudicial o mesmo estímulo de financiamento que ofereceu para a recuperação judicial.

Felizmente, o artigo 66-A da LRF parece suprir tal omissão legislativa, ao menos em relação ao benefício da imutabilidade. Como já visto no item 3.2 acima, referido dispositivo prevê que a "alienação de bens" ou as "garantias outorgadas" a adquirente ou financiador de boa-fé não serão anuladas nem tornadas ineficazes após o desembolso – e, ao contrário do art. 69-B, faz expressa referência também ao "plano de recuperação extrajudicial". Na esteira do que ainda diremos no item 4.3 abaixo em relação à caracterização das operações como financiamento DIP, entendemos que o art. 66-A da LRF deve ser interpretado amplamente, de forma a estender os benefícios da imutabilidade a toda e qualquer operação de financiamento realizada de boa-fé com o devedor, revista-se a operação ou não das características formais de um "financiamento DIP".

De todo modo, ainda que a presença do art. 66-A supra parcialmente essa insegurança, temos alguma esperança de que, apesar da injustificável omissão do legislador, a jurisprudência se utilize desses elementos para estender ao financiamento concedido em recuperação extrajudicial exatamente as mesmas proteções que a Seção IV-A da LRF estende ao financiamento DIP na recuperação judicial.

4.2 Autorização judicial vs. autorização dos credores

A LRF apenas qualifica como empréstimo DIP a operação de financiamento que for autorizada pelo juiz, sem fazer referência expressa às operações de financiamento que constarem do plano de recuperação judicial aprovado pela Assembleia Geral de Credores (ou, conforme o caso, homologado via *cram down*[24]), ou aprovadas pela Assembleia Geral de Credores de forma independente do plano de recuperação, nos termos do art. 42 da LRF.

A linguagem escolhida pelo legislador, de fato, abre margem à interpretação de que apenas as operações aprovadas pelo juiz é que gozariam dos benefícios do financiamento DIP (superprioridade e imutabilidade), ficando alijadas desses benefícios aquelas operações de financiamento aprovadas pela coletividade de credores, sob qualquer forma.

---

22. Art. 163 da LRF.
23. Art. 161, § 1º, da LRF.
24. Como é conhecida a regra do art. 58, §1º, da LRF.

A vingar tal interpretação, tratar-se-ia, a nosso ver, de opção bastante peculiar do legislador. Em primeiro lugar, porque a Assembleia Geral de Credores é tradicionalmente considerada órgão soberano para a avaliação da viabilidade econômica da atividade do devedor e para a aprovação de todas as condições relativas à sua restruturação[25] – sendo certo que a obtenção de financiamentos DIP é, sem sombra de dúvidas, uma dessas condições. E em segundo lugar, porque o art. 50 da LRF prevê, em seus incisos VI e IX, a obtenção de recursos financeiros (inclusive mediante aumento de capital) como meios de recuperação, inclusive com garantias próprias ou de terceiros, de modo que não parece haver razões para que operações de financiamento previstas no plano de recuperação não sejam consideradas como "financiamento DIP" e não recebam a mesma proteção dada às operações aprovadas pelo juiz.

Nesse sentido, defendemos a interpretação de que as operações de financiamento que que constem plano de recuperação judicial homologado ou que sejam de qualquer outra forma aprovadas pela Assembleia Geral de Credores, contanto que atendam aos demais requisitos do art. 69-A, devem ser consideradas operações de financiamento DIP, sendo a elas estendidos todos os benefícios e proteções já referidos acima. O óbice interpretativo relativo à necessidade de autorização judicial restaria superado pela conclusão de que todas as decisões tomadas pela Assembleia Geral de Credores devem passar pelo crivo de legalidade e ser homologadas pelo juízo – de modo que as respectivas decisões homologatórias supririam o requisito da "aprovação judicial" exigida pelo art. 69-A.

Nesse sentido, tais operações de financiamento aprovadas pelos credores também receberiam a superprioridade prevista no art. 84, I-B, e essa superprioridade, junto com as garantias constituídas em favor dos créditos, permaneceria assegurada em relação aos valores desembolsados, mesmo em caso de anulação da deliberação da Assembleia Geral de Credores ou reforma da decisão judicial que a homologou.

4.3 A definição de "contratos de financiamento"

Outra observação que nos cabe tecer à disciplina do financiamento DIP instituída pela Lei 14.112/2020 diz respeito à definição do que viriam a ser "contratos de financiamento" para os fins do art. 69-A. Essa definição é importante porque o referido dispositivo apenas caracteriza como operações de financiamento DIP os "contratos de financiamento" que tenham sido autorizados pelo juiz, o que levanta dúvidas sobre a possibilidade de enquadramento de diversas figuras jurídicas comuns na atividade financiadora (aportes de capital, emissão de debêntures etc.) como "contratos de financiamento".

Cabe ressaltar que o termo "financiamento" não é propriamente jurídico, mas, sim, financeiro. Não há um conceito legal do que venha a ser um "contrato de financiamento", e o próprio Código Civil apenas utiliza as expressões "financiar" ou "financiamento" por

---

25. "Agravo interno no recurso especial – autos de agravo de instrumento na origem – Decisão monocrática que negou provimento reclamo. Insurgência da agravante. 1. O juiz está autorizado a realizar o controle de legalidade do plano de recuperação judicial, sem adentrar no aspecto da sua viabilidade econômica, a qual constitui mérito da soberana vontade da assembleia geral de credores. (...) 4. Agravo interno desprovido" (STJ, AgInt no REsp 1875528/MT, Rel. Ministro Marco Buzzi, Quarta Turma, julgado em 31.05.2021, DJe 04.06.2021).

duas vezes,[26] ambas em referência oposta à hipótese de pagamento à vista. Tal forma de utilização, aliás, remete ao significado financeiro e vernacular do termo "financiamento": concessão de prazo para o pagamento de dívidas comerciais.[27]

Isto significa que a expressão "contrato de financiamento" não diz respeito a uma espécie contratual típica específica, tais quais aquelas contidas no Título VI do Código Civil, mas a qualquer contrato, típico ou atípico, que implique na concessão de prazos (acompanhados, usualmente, de juros) para que o devedor proceda ao adimplemento de sua contraprestação financeira.

Não vemos motivos, nesse ponto, para adotar qualquer intepretação restritiva em relação ao que venha a ser "contrato de financiamento" para os fins do art. 69-A da LRF. Em consonância com a intenção do legislador de prestigiar a concessão de financiamento o mais barato possível ao devedor em recuperação, parece-nos adequado que qualquer operação financeira possa ser qualificada como "contrato de financiamento" e receber as proteções reservadas ao financiamento DIP – contanto que, por óbvio, tal operação financeira implique a concessão de prazos para que o devedor cumpra sua obrigação de pagamento, em atenção ao conceito financeiro de financiamento, e atenda aos demais requisitos legais.

Nesse sentido, por exemplo, as operações estruturadas de emissão de debêntures, quando atendidos os demais requisitos exigidos pelo art. 69-A quanto às garantias (o que será objeto de observações mais abaixo), poderão perfeitamente ser consideradas como operações de financiamento DIP, recebendo plena aplicação dos benefícios e proteções legais. É importante observar, porém, que as operações em concreto devem ser estruturadas e ter por contraparte um ou mais financiadores próprios, efetivos e identificáveis, ainda que tais financiadores concretos sejam representantes de investidores pulverizados (ex: fundos de investimento). Isto, cumpre observar, independe de as debêntures emitidas terem natureza pública ou privada, tampouco de serem ou não conversíveis em ações. Cabe observar, no entanto, que, se a conversão em ações efetivamente ocorrer, já não haverá que se falar em créditos a serem recebidos com superprioridade na falência, já que o credor terá recebido seu crédito por meio de sua conversão em ações, de modo que seu benefício financeiro ficará vinculado aos riscos e resultados do empreendimento.

Já quanto à injeção de recursos na empresa em recuperação diretamente via *equity*, não entendemos ser propriamente possível sua qualificação como uma operação de financiamento DIP. Muito embora neste caso haja ingresso financeiro na empresa, por meio da integralização das novas quotas ou ações subscritas, não há propriamente a concessão de "prazo" para que a empresa proceda ao adimplemento de sua contrapartida financeira. O investidor não se torna sequer credor – e, sim, sócio –, passando a participar dos riscos da empresa, usufruir de seus lucros e suportar seus prejuízos, até a medida do capital por ele subscrito e integralizado. Em todo o caso, ainda que a injeção de capital *via equity* não se qualifique como financiamento DIP propriamente, recebe a

---

26. Arts. 528 e 1.443, parágrafo único.
27. Cf. FINANCIAMENTO. In: MICHAELIS, Dicionário Brasileiro da Língua Portuguesa. São Paulo: Melhoramentos, 2022. Disponível em: https://michaelis.uol.com.br/moderno-portugues/busca/portugues-brasileiro/financiamento/. Acesso em: 11 mar. 2022.

proteção instituída pelo também novel art. 50, § 3º, da LRF, segundo o qual o investidor que aportar novos recursos na empresa devedora via *equity* não responde por sucessão ou outras formas de responsabilização por dívidas da empresa, de qualquer natureza.

Cabem observações, também, quanto à atividade de fornecimento mercantil (de produtos ou serviços) mediante a concessão de prazos para pagamento. Para certos autores,[28] a atividade de fornecimento mercantil a crédito não se qualificaria como "financiamento" em sentido próprio, por consistir em simples extensão do prazo para pagamento do produto fornecido ou serviço prestado, sem que haja ingresso propriamente financeiro na empresa recuperanda. No entanto, sem embargos de respeitáveis entendimentos contrários e para os estritos fins da aplicação dos benefícios e proteções reservados ao financiamento DIP, não vemos razões para não qualificar tais operações de fornecimento mercantil a crédito como "financiamento" para os fins da aplicação das proteções e benefícios legais.

A concessão de prazos ou condições diferenciadas de pagamento em operações de fornecimento mercantil têm impacto frequentemente decisivo para o dia a dia das atividades da empresa recuperanda, sendo, por vezes, mais importante do que a obtenção de "financiamento" em sentido mais próprio.[29] Tamanha é a importância do fornecimento mercantil para as empresas em recuperação, e tamanho o estímulo buscado pela LRF, que a concessão de fornecimento em condições diferenciadas é prevista até mesmo como a única justificativa expressamente admitida pela lei para a criação de subclasses nos planos de recuperação judicial.[30] Diante desse cenário, pareceria contraditório deixar de estimular a concessão de fornecimento mercantil também por meio da possibilidade de extensão das proteções dadas ao financiamento DIP – notadamente quando, a nosso ver, não há justificativa técnica que impeça a caracterização dessa atividade como "financiamento", ainda que em sentido lato.

4.4 Exigência de garantias sobre ativo não circulante

O art. 69-A faz referência expressa à necessidade de que a operação seja garantida pela alienação fiduciária ou oneração (penhor ou hipoteca) incidente sobre bens do ativo não circulante. Uma interpretação *contrario sensu* sugere que operações garantidas por bens do ativo circulante não seriam consideradas financiamento DIP, e não receberiam as proteções atribuídas pela Seção IV-A e pelo artigo 84, I-B – ainda que a operação possa ser

---

28. cf. KIRSCHBAUM, Deborah. *A Recuperação Judicial no Brasil*: governança, financiamento extraconcursal e votação do plano. 2009. Tese (Doutorado em Direito Comercial) – Faculdade de Direito, Universidade de São Paulo, São Paulo, 2009, p. 127.
29. "Recurso especial. Recuperação judicial. Plano de soerguimento empresarial. Supressão de garantias reais e fidejussórias. Aprovação em assembleia geral. Extensão a credores discordantes, omissos ou ausentes. Impossibilidade. Recurso especial desprovido. (...) 4. O financiamento da sociedade em recuperação judicial é tão vital para o sucesso do fortalecimento da atividade produtiva que a Lei 14.112/2020, ao modificar a Lei 11.101/2005, concebeu modalidades específicas de financiamento dos recuperandos, introduzindo no Direito Pátrio os institutos do "Dip (debtor-in-possession) Finance" e do "Credor Parceiro". 5. Recurso Especial desprovido." (STJ, REsp 1828248/MT, Rel. Ministro LUIS FELIPE SALOMÃO, Rel. p/ Acórdão Ministro Raul Araújo, Quarta Turma, julgado em 05.08.2021, DJe 06.10.2021).
30. Art. 67, parágrafo único.

protegida por imutabilidade por meio do art. 66-A, e receber algum nível de prioridade, por meio do artigo 84 I-E, como veremos mais adiante.

Em nossa opinião, por mais que essa possa de fato ser a interpretação mais alinhada à literalidade do texto legal, a opção legislativa, em si, não parece das melhores. Adotando-se a mesma premissa (já explorada acima) de que o intento da lei é o de estimular a concessão de crédito às empresas em recuperação e proteger o crédito fornecido e a confiança depositada pelo financiador, não vemos razão para restringir as garantias que podem ser ofertadas a operações de financiamento DIP apenas àquelas incidentes sobre o ativo não circulante.

Há que se reconhecer, nesse sentido, a importância que o ativo circulante possui para determinados ramos da atividade empresarial. Um dos exemplos mais claros é a atividade de comércio ao varejo, na qual os recebíveis originados pelas vendas feitas a consumidores por meio de cartões de crédito são frequentemente destinados à garantia de instituições financeiras financiadoras, por meio do mecanismo usualmente denominado "trava bancária". Em boa parte desses casos,[31] a empresa recuperanda não possui bens relevantes em seu ativo não circulante,[32] contando fundamentalmente com seu ativo circulante (recebíveis[33]) como meio tanto de geração de fluxo de caixa como de garantia a seus contratos de financiamento.

Em tais casos, restringir a possibilidade de caracterização como financiamento DIP (e as consequentes proteções que daí decorrem) apenas às operações que são garantidas por bens do ativo não circulante significa privar desse benefício as empresas que, pela natureza de sua atividade, contam principalmente com o financiamento advindo de seu ativo circulante – como é o caso do comércio ao varejo. Não há como se negar a expressão econômica e a importância social de tais atividades, não havendo, consequentemente, fundamentos para restringir o acesso de tais empresas aos estímulos ao financiamento DIP.

Reconhecemos, porém, que nossa visão não é unânime. Para Leonardo Dias,[34] por exemplo, a extraconcursalidade em operações de financiamento (com a superprioridade concedida pelo art. 84, I-B, da LRF) deveria permanecer restrita àquelas garantidas por bens do ativo não circulante, na medida em que operações garantidas por bens do ativo

---

31. Foi o que ocorreu, por exemplo, no caso da recuperação judicial da Livraria Cultura (processo 1110406-38.2018.8.26.0100, em trâmite perante a 2ª Vara de Falências e Recuperações Judiciais da Comarca de São Paulo-SP).
32. Operando, por exemplo, por meio de plataformas *online* ou de lojas físicas constituídas em imóveis de terceiros.
33. Cabendo observar, no entanto, que nem todo recebível é automaticamente considerado ativo circulante, na medida em que recebíveis cujo vencimento caia após o fim do período do balanço patrimonial serão considerados como ativo não circulante realizável a longo prazo.
34. "Embora não dependa de autorização judicial a celebração de negócios jurídicos que não tenham como garantia bens ou direitos do ativo não circulante do devedor, excepcionalmente e em homenagem ao princípio da transparência que deve nortear os processos recuperacionais, as partes poderiam submeter tais negócios ao juiz, desde que (a) sejam celebrados fora do curso ordinário das atividades do devedor; (b) onerem significativa parcela dos bens ou direitos do ativo circulante do devedor, inclusive futuros; e (c) pelo valor envolvido ou pela natureza das garantias, o cumprimento do plano de recuperação ou a capacidade de pagamento da massa falida em eventual convolação em falência possam ser comprometidos. Todavia, o efeito da aprovação judicial estaria adstrito à validade e eficácia da garantia outorgada, nos termos do art. 66-A, não se cogitando de eventual extraconcursalidade pelo art. 84, inciso I-B, pois não se trataria de 'contrato de financiamento' nos estritos termos da Seção IV-A do Capítulo III, embora seja enquadrado como financiamento de modo genérico, ou mesmo como 'Financiamento DIP'." (DIAS, Leonardo Adriano Ribeiro. *Financiamento na recuperação judicial e na falência*. 2. ed. Rio de Janeiro: Forense, 2022, p. 189).

circulante, muito embora possam ser consideradas como contratos de financiamento em sentido amplo, não poderiam ser consideradas como "financiamento DIP" nos estritos termos previstos pelo art. 69-A da LRF. Tal conclusão deriva de uma visão mais ampla do autor no sentido de que o valor do crédito a ser considerado como "financiamento DIP" e protegido pela Seção IV-A da LRF deveria corresponder rigorosamente ao valor dos bens do ativo não circulante dados em garantia pela recuperanda, ainda que o valor fornecido pelo financiador seja maior, sob pena de possibilitar a prática de fraudes.[35]

Sem embargos de tal respeitável posicionamento, não podemos deixar de trazer algumas provocações à reflexão. O entendimento de que a caracterização do financiamento DIP deve estar intrinsecamente ligada ao valor dos bens dados em garantia parece guardar alguma analogia com o entendimento adotado em relação à não sujeição aos processos recuperacionais dos créditos garantidos por alienação fiduciária, havendo certo consenso na doutrina e na jurisprudência[36] no sentido de que apenas será extraconcursal o crédito que seja efetivamente coberto pelo valor dos bens alienados (sendo o excedente considerado crédito sujeito à recuperação). No entanto, esse paralelo não nos parece inteiramente adequado.

Com efeito, no caso da alienação fiduciária, seria perfeitamente possível que o devedor e o credor, em conluio, constituíssem uma alienação fiduciária "de fachada", em valor bem menor do que o crédito, apenas para evitar sua sujeição ao processo de recuperação. Isto poderia ser feito antes do processo de recuperação e não custaria absolutamente nada ao credor.

Já no caso do financiamento DIP, não se pode perder de vista que o financiador deverá realizar o desembolso integral do financiamento em favor do devedor, após o início da recuperação judicial. A realização do financiamento DIP custa – e muito – ao financiador, não se tratando de ato que possa ser praticado "de graça", em conluio, com o único intuito de fornecer ao próprio financiador alguma vantagem.

E, se o financiador opta por fazer o desembolso do financiamento mesmo sem garantias suficientes para a cobertura integral do valor emprestado (ou apenas com garantia sobre bens do ativo circulante), será ele próprio o único prejudicado. A recuperanda e sua massa de credores seriam, a rigor, beneficiados, tendo em vista que a operação de financiamento foi viabilizada e os recursos foram injetados na recuperanda sem a necessidade de oneração de tantos ativos.

---

35. "Isso significa que a extraconcursalidade dos créditos oriundos dos 'contratos de financiamento' deve estar intrinsecamente vinculada ao valor do ativo onerado, sob pena de o devedor oferecer em garantia bem ou direito de valor muito inferior ao do financiamento apenas para assegurar ao financiador uma posição melhor na falência, o que poderia ensejar diversas fraudes" (DIAS, Leonardo Adriano Ribeiro. *Financiamento na recuperação judicial e na falência*. 2. ed. Rio de Janeiro: Forense, 2022, p. 189).

36. "Recurso especial. Empresarial. Recuperação judicial. Perda do objeto. Não ocorrência. Crédito garantido por alienação fiduciária. Extraconcursalidade. Objeto da garantia. Limites. Avalistas. (...) 2. Cinge-se a controvérsia a definir se a natureza extraconcursal do crédito garantido por alienação fiduciária se limita aos bens alienados em garantia e se pode ser exigido dos avalistas em recuperação judicial. (...) 4. Os credores fiduciários estão excluídos dos efeitos da recuperação judicial somente em relação ao montante alcançado pelos bens alienados em garantia. (...) 6. Recurso especial conhecido e não provido" (STJ, REsp 1953180/SP, Rel. Ministro Ricardo Villas Bôas Cueva, Terceira Turma, julgado em 25.11.2021, DJe 1º.12.2021).

É evidente que esse "risco adicional" será devidamente precificado pelo financiador – e é justamente pra evitar isso que, nesse cenário, o financiador deveria permanecer protegido. Não nos parece correto "punir" o financiador que, tendo mais confiança, optou por emprestar com menos garantias, para beneficiar apenas o financiador que, tendo menos confiança, optou por exigir mais garantias. O intuito da lei aponta, aliás, justamente para a conclusão contrária: dever-se-ia estimular a concessão de financiamento com menor exigência de garantias, e não reprimi-la.

Isto não significa, é claro, que qualquer operação de crédito (mesmo sem garantias) deveria ser automaticamente considerada como financiamento DIP e protegida com os benefícios da superprioridade e da imutabilidade. O controle de licitude e legalidade de cada operação poderá e deverá continuar sendo exercido caso a caso, devendo o juiz permanecer sensível às circunstâncias concretas que, em cada caso específico, poderão configurar alguma fraude ou conflito de interesses. Mas o fato de o financiamento ser concedido sem garantias, ou com garantias insuficientes, ao menos por si só, não nos parece ser uma dessas circunstâncias.

4.5 Finalidade específica

O último requisito elencado pelo art. 69-A para a caracterização de uma operação como financiamento DIP diz respeito à sua finalidade específica. O artigo exige que a operação tenha por finalidade "financiar as suas atividades e as despesas de reestruturação ou de preservação do valor de ativos". Quanto a isto, não nos parece haver grandes controvérsias, cabendo apenas a observação de que a finalidade, conforme descrita pela lei, é notavelmente ampla.

De todo modo, a exigência legislativa – que nos parece inteiramente razoável – é de que os recursos objeto do financiamento DIP sejam efetivamente empregados em benefício da atividade empresarial, cabendo aos credores e ao juízo exercer esse controle efetivo. Permitir que os recursos do financiamento fossem utilizados para qualquer finalidade – sem restringir seu emprego efetivo na atividade empresarial – poderia ensejar a prática de fraudes.

5. OUTROS ASPECTOS IMPORTANTES DO FINANCIAMENTO DIP

Após compreendidos todos os benefícios que a Lei 14.112/2020 concedeu às operações de financiamento DIP, e analisados criticamente todos os requisitos legais para que uma operação possa ser considerada como um "financiamento DIP", cabe tecer algumas considerações a respeito de outros aspectos igualmente importantes relativos à matéria. Trata-se de circunstâncias que, para longe de terem abrangência meramente teórica, podem ter profundo impacto prático na forma como as operações são estruturadas e executadas pelos agentes envolvidos.

5.1 Duas classes de financiamento? Arts. 67 e 69-A

Como já mencionado alhures, a redação do art. 67 da LRF anterior à Lei 14.112/2020 já trazia alguns mecanismos que, ainda que de forma insuficiente, tentavam estimular a concessão de crédito às empresas em recuperação. Um deles está contido no próprio caput do art. 67, e indica que "os créditos decorrentes de obrigações contraídas pelo devedor durante a recuperação judicial, inclusive aqueles relativos a despesas com fornecedores de bens ou serviços e contratos de mútuo, serão considerados extraconcursais, em caso de decretação de falência".

Nada obstante a Lei 14.112/2020 tenha introduzido toda um novo sistema de estímulo ao financiamento às empresas em recuperação por meio do financiamento DIP, observa-se que não foi alterada a redação do *caput* do art. 67, que se mantém intacta. Além disso, o artigo 84 da lei foi alterado para prever o inciso I-E, que estabelece algum grau de prioridade (ainda que inferior ao das operações de financiamento DIP) para "as obrigações resultantes de atos jurídicos válidos praticados durante a recuperação judicial", nos termos do art. 67. Por fim, o art. 66-A, ao qual já nos referimos, assegura genericamente a imutabilidade, após o desembolso, de quaisquer vendas de ativos ou constituição de garantias em favor de terceiro de boa-fé.

Isto significa, em termos práticos, que hoje há duas classes diferentes de financiamento que podem ser concedidas a devedores em recuperação judicial. A primeira diz respeito ao próprio financiamento DIP, que atende aos requisitos do art. 69-A (já destacados acima). A segunda diz respeito às operações que, nada obstante não atendam a todos os requisitos do art. 69-A, são atos jurídicos válidos que se enquadram nos termos do art. 67.

A diferença primordial entre esses dois tipos de operação é que o financiamento DIP gozará dos benefícios da superprioridade (art. 84, I-B) e imutabilidade específica mesmo em caso de reforma da decisão autorizativa (art. 69-B), além da possibilidade de instituição de garantias subordinadas sem anuência do credor em primeiro grau.[37] Enquanto isso, as demais operações de financiamento (não consideradas como financiamento DIP) gozarão de um grau inferior de prioridade (art. 84, I-E), e estarão protegidas pela mutabilidade genérica do art. 66-A.

Em termos práticos, na fila de pagamentos dos créditos extraconcursais na falência, entre o financiamento DIP e as demais operações de financiamento (não-DIP), se encontram: (i) os pedidos de restituição em dinheiro; (ii) as remunerações devidas ao administrador judicial; e (iii) os créditos de acidentes de trabalho ocorridos após a decretação da falência. Vale ressaltar que, se o crédito decorrente das demais operações de financiamento (não DIP) for garantido total ou parcialmente por alienação ou cessão fiduciária, o bem dado em garantia poderá ser objeto de pedido de restituição nos termos do art. 85, e, se não mais existir, a parte do crédito por ele garantida poderá ser objeto de pedido de restituição em dinheiro,[38] recebendo, nesta hipótese, grau de prioridade um pouco maior[39] que o do art. 85, I-E – mas ainda inferior à prioridade concedida ao financiamento DIP (art. 84, I-B).

---

37. Ressaltando-se que, conforme já expusemos no item 3.3 acima, tal benefício se aplicará apenas em situações excepcionalíssimas, já que a lei civil já admite genericamente a possibilidade de instituição de garantias subordinadas sem anuência do credor em primeiro grau.
38. Art. 86, I, da LRF.
39. Art. 84, I-C, da LRF.

Como já esclarecemos acima, partimos da premissa de que, sempre que possível, é desejável a adoção de uma interpretação extensiva em relação às operações que devem ou não ser qualificadas como financiamento DIP. Ressalvadas as situações em que se constatem fraudes ou conflitos de interesses, e que poderão ser verificadas caso a caso, entendemos que a confiança (qualquer que seja) depositada pelo financiador na empresa em recuperação deverá ser estimulada e protegida, e que a proteção adicional conferida pela Seção IV-A da LRF contribuirá para diminuir os riscos e, consequentemente, reduzir o preço e facilitar o acesso da empresa em recuperação aos recursos do financiador.

Nada obstante, e sob a premissa de que tal interpretação mais extensiva não seja prejudicada, parece-nos desejável a manutenção das regras dos arts. 66-A, 67 e 84, I-E, da lei, na medida em que tais regras seguem fornecendo um bom nível de proteção mesmo àquelas operações que claramente não cumpram os requisitos legais para que sejam consideradas como financiamentos DIP.

5.2 Juros, garantias, e a proteção ao "valor efetivamente entregue"

Como já destacado no item 3.1 acima, um dos pontos de interpretação mais polêmicos da disciplina legal do financiamento DIP diz respeito, à utilização da expressão "valor efetivamente entregue" por alguns dos dispositivos introduzidos pela Lei 14.112/2020. Como já exposto, o art. 84-B estabelece que a superprioridade se aplica apenas ao "valor efetivamente entregue" pelo financiador ao devedor em recuperação – o que levanta dúvidas sobre se a superprioridade abrangeria ou não os juros incidentes sobre o crédito.

Como já visto acima, entendemos que a superprioridade do art. 84, I-B, em si mesma, não terá tanta relevância prática para o financiador DIP, que tenderá a exigir garantias (geralmente, fiduciárias) em margem mais do que suficiente para a cobertura integral de seu crédito – sendo esta, aliás, uma exigência da própria lei. No entanto, há um outro dispositivo legal que utiliza a mesma expressão, e que, a depender da interpretação adotada, poderá trazer impactos graves à disciplina da matéria: trata-se do art. 69-D, parágrafo único.

O artigo 69-D da LRF estabelece que, se a recuperação judicial for convolada em falência antes do desembolso integral dos valores do financiamento, o contrato de financiamento será considerado automaticamente rescindido – ainda que, em interpretação sistemática, deva permanecer a proteção concedida em relação à parte já desembolsada. O parágrafo único do art. 69-D, por sua vez, declara que, nessa hipótese de rescisão do contrato de financiamento, as garantias e preferências incidentes sobre o crédito deverão ser conservadas apenas até o limite dos "valores efetivamente entregues" até a data em que ocorrer a convolação em falência.

A forma de interpretar a expressão "valores efetivamente entregues" poderá trazer consequências drásticas ao financiador DIP, principalmente na hipótese (lícita e muito comum na prática) de ele ter exigido garantias em margem superior a 100% do crédito garantido, por antever algum risco de perecimento ou desvalorização dos bens dados em garantia.

Nesse sentido, poder-se-ia interpretar que "valor efetivamente entregue" corresponde apenas ao principal da operação, ficando de fora os juros, sejam moratórios ou remuneratórios. Se for essa a interpretação adotada, além de os juros ficarem de fora da superprioridade do art. 84, I-B (ficando, no máximo, enquadrados no art. 84, I-E), a aplicação do art. 69-D fará com que o financiador DIP perca sua margem adicional de garantia, na medida em que esta deverá ser reduzida estritamente para 100% do valor principal até então desembolsado ("efetivamente entregue"), com liberação de qualquer garantia que ultrapasse esse limite.

Imaginemos, por exemplo, a situação de um financiador que topou financiar uma empresa em recuperação sob o pressuposto de que seja mantida uma margem de garantia de 1,3 vezes – ou, em outras palavras que a empresa recuperanda ofereça e mantenha em garantia bens em valor equivalente a 130% do crédito. Se a recuperação for convolada em falência quando o financiador tiver desembolsado, por exemplo, metade do valor, o financiador não apenas perderá a garantia incidente sobre os juros, mas também perderá toda a margem de garantia adicional que ultrapasse 100% do valor principal desembolsado. Nessa hipótese, as condições contratuais serão alteradas, e a garantia do financiador (anteriormente de 130% sobre o todo) será, à sua revelia, reduzida para meros 100% sobre o principal desembolsado.

Desnecessárias maiores digressões para demonstrar que isto subverte toda a lógica de risco e precificação adotada pelo financiador no ato da contratação, desestimulando fatalmente o sistema de concessão de financiamento, ao que também se referiu Fabiana Solano:[40]

> Apesar de omissa a lei a este respeito, o sentido aparente do artigo 69-D parece ser o de assegurar que as garantias sejam proporcionalmente liberadas à mesma medida que o desembolso dos recursos ocorrer. Não parece que a intenção do legislador tenha sido interferir nas condições negociais do financiamento, que uma vez aprovadas pelo judiciário passam a produzir plenos efeitos. A razão entre dívida e cobertura de garantia constitui um dos termos essenciais da transação acordada entre as partes. Logo, uma vez homologados os termos do financiamento entre as partes, suas clausulas e termos devem ser mantidos, tal qual contratados.

Mais do que isso: além de subverter todos os pressupostos e expectativas do financiador, essa interpretação o colocará em situação pior do que a que ele estaria se fosse um financiador "não DIP" – na medida em que, para as operações abrangidas pelo art. 67, não vige a regra do art. 69-D, parágrafo único, não havendo obrigação de liberação ou redução de nenhuma garantia contratada. Nessa absurda hipótese, financiadores "não DIP" teriam sua garantia integralmente mantida em caso de convolação em falência, ao passo que financiadores "DIP" seriam forçados a reduzi-la drasticamente.

Esperamos ter demonstrado, com isso, que essa interpretação não pode prosperar. A expressão "valor efetivamente entregue" utilizada pelos arts. 84, I-B, e 69-D, parágrafo único, não pode ser entendida apenas como "valor principal" – devendo ser entendida, isto sim, como, todo o valor relativo à parcela do financiamento até então desembol-

---

40. PEREIRA, Fabiana Bruno Solano. In: TOLEDO, Paulo Fernando Campos Salles de (Coord.). *Comentários à Lei de Recuperação de Empresas*. São Paulo: Ed. RT, 2021, p. 496.

sada (incluindo principal, correção monetária, e juros remuneratórios ou moratórios correspondentes). Nessa hipótese, ainda que haja liberação das garantias em relação à parte não desembolsada, a margem de garantia será conservada, juntamente com as demais condições contratuais, mantendo hígidas as justas expectativas construídas pelo financiador DIP quando da contratação.

6. CONCLUSÃO

A reforma à LRF trazida pela Lei 14.112/2020 foi fruto de muitos anseios e clamores sociais. Tal reforma foi precedida de diversas discussões e trocas de ideias envolvendo muitos setores da sociedade e classes de profissionais envolvidos com o dia a dia das empresas em crise, tais como advogados, promotores, juízes, administradores judiciais, assessores financeiros, professores, empresários, órgãos de classe, representantes do Poder Público etc. Se o resultado da reforma não foi perfeito – e é óbvio que jamais seria – afirmamos, sem medo de errar, que a reforma não decepcionou ao introduzir muitos mecanismos e conceitos novos importantíssimos para modernizar o Direito da Empresa em Crise.

O financiamento DIP, como já expusemos, é um desses importantíssimos instrumentos inaugurados pela reforma, que busca sanar um dos problemas mais graves de qualquer processo de reestruturação: o restabelecimento do acesso da empresa devedora ao mercado de crédito. Por meio deste artigo, procuramos abordar alguns aspectos jurídicos relevantes da sistemática legal, indicando alguns pontos de insegurança e, ato contínuo e na medida do possível, lançando sugestões e bases interpretativas que podem ajudar a mitigar esses pontos. Como dissemos anteriormente, para longe de simplesmente tecer críticas vazias ao trabalho de tantas mãos, nosso objetivo primordial foi o de contribuir para que esse instrumento funcione da maneira esperada, com eficiência e segurança.

Nosso balanço geral é o de que, mesmo diante da necessidade de algumas pequenas correções de curso que podem perfeitamente ser levadas a efeito pela doutrina e pela jurisprudência, a sistemática do financiamento DIP instituída pela Lei 14.112/2020 é eficaz, podendo dar azo a boas oportunidades tanto numa ponta (devedor em recuperação) quanto noutra (investidor). Esperamos que o mercado brasileiro de *distressed investing* sinta o mesmo.

7. REFERÊNCIAS

ASCARELLI, Tullio. *Teoria Geral dos Títulos de Crédito*. Tradução: Nicolau Nazo. São Paulo: Saraiva, 1943.

BEZERRA FILHO, Manoel Justino. *Lei de Recuperação de Empresas e Falência – Lei 11.101/05, comentada artigo por artigo*. 15. ed. São Paulo: Ed. RT, 2021.

CHALHUB, Melhim Namem; DANTZGER, Afranio Carlos Camargo. *Alienação Fiduciária de Bens Imóveis em segundo grau?* Disponível em: https://www.cnbsp.org.br/noticias/9034/alienacao-fiduciaria-de--bens-imoveis-em-segundo-grau? Acesso em: 11 mar. 2022.

COSTA, Daniel Carnio; MELO, Alexandre Correa Nasser de. *Comentários à Lei de Recuperação de Empresas e Falência – Lei 11.101, de 09 de fevereiro de 2005 – de acordo com a Lei 14.112, de 24 de dezembro de 2020*. São Paulo: Juruá, 2020.

COSTA, Thiago Dias. *Recuperação judicial e igualdade entre credores*. Rio de Janeiro: Forense, 2018.

DIAS, Leonardo Adriano Ribeiro. *Financiamento na Recuperação Judicial e na Falência*. 2. ed. Rio de Janeiro: Forense, 2022.

DE LUCCA, Newton; DEZEM, Renata Mota Maciel M. A venda de ativos na recuperação judicial e os reflexos no âmbito dos registros públicos. In: MENDES, Bernardo Bicalho de Alvarenga (Org.). *Aspectos polêmicos e atuais da lei de recuperação de empresas*. Belo Horizonte, D'Plácido, 2016.

FERREIRA, Waldemar. *Tratado de Direito Comercial*. São Paulo: Saraiva, 1965. v. 14.

KIRSCHBAUM, Deborah. *A recuperação judicial no Brasil*: governança, financiamento extraconcursal e votação do plano. 2009. Tese (Doutorado em Direito Comercial) – Faculdade de Direito, Universidade de São Paulo, São Paulo, 2009.

MICHAELIS, *Dicionário Brasileiro da Língua Portuguesa*. São Paulo: Melhoramentos, 2022. Disponível em: https://michaelis.uol.com.br/moderno-portugues/busca/portugues-brasileiro/financiamento/. Acesso em: 11 mar. 2022.

MUNHOZ, Eduardo Secchi. Mootness doctrine e o Direito Brasileiro. Preservação dos Atos Validamente Implementados no Âmbito da Recuperação Judicial. In: ELIAS, Luis Vasco (Coord.). *10 Anos da Lei de Recuperação de Empresas e Falências*: reflexões sobre a reestruturação empresarial no Brasil. São Paulo: Quartier Latin, 2015.

ROJO FERNANDEZ-RIO, Angel Jose. *El estado de crisis económica, in La Reforma del Derecho de Quiebra*. Madri: Civitas, 1982.

SACRAMONE, Marcelo Barbosa. *Comentários à lei de recuperação de empresas e falência*. 2. ed. São Paulo: Saraiva Educação, 2021.

SADDI, Jairo. *Crédito e Judiciário no Brasil: uma análise de Direito & Economia*. São Paulo: Quartier Latin, 2007.

SOUZA JUNIOR, Francisco Satiro de. In: SOUZA JUNIOR, Francisco Satiro de; PITOMBO, Antônio Sérgio A. de Moraes (Coord.). *Comentários à Lei de recuperação de empresas e falências*: Lei 11.101/2005 – Artigo por artigo. 2. ed. São Paulo: Ed. RT, 2007.

TOLEDO, Paulo Fernando Campos Salles de (Coord.). *Comentários à Lei de Recuperação de Empresas*. São Paulo: Ed. RT, 2021.

TURNAROUND MANAGEMENT ASSOCIATION DO BRASIL – TMA BRASIL. *Comitê de Soluções Financeiras. Financiamento de Empresas em Recuperação Judicial: Importância, Dificuldades e Estímulos*. mar. 2010. Disponível em: https://www.tmabrasil.org/sites/default/files/public/2019-07/paper_financiamento_da_recuperacao.pdf. Acesso em: 13 mar. 2022.

ANOTAÇÕES